Manfred & Maria Baatz

HUNDE

Die wichtigsten Rassen

Abstammung
▼
Merkmale
▼
Aufgaben

BLV

Die Deutsche Bibliothek –
CIP-Einheitsaufnahme

Hunde : die wichtigsten Rassen ;
Abstammung, Merkmale, Aufgaben /
Manfred und Maria Baatz. –
4., überarb. Aufl., (Neuausg.). –
München ; Wien ; Zürich : BLV, 1994
ISBN 3-405-14729-8
NE: Baatz, Manfred; Baatz, Maria

Bildnachweis

Bender: 45 o
Hinz: 23 o, 91 o, 121 o, 123 o
Jesse: 17 o, 27 ur, 29 o, 31 or, 43 o, 61 o, 61 u, 69 o, 71 ul, 95 o
Krämer: 45 u
Reinhard: 21 o, 31 ol, 41 o, 63 o, 73 o
Vogeler: 15, 17 u, 19 u, 21 u, 23 u, 25 u, 27 ul, 29 u, 31 u, 33 u, 37 o, 39, 43 u, 47 u, 67 o, 69 u, 71 o, 73 u, 83 u, 85 u, 103 u, 111, 115, 117 o, 121 u, 123 u, 125
Alle anderen Fotos sowie das Titelfoto: Manfred Baatz

Zeichnungen: Barbara von Damnitz

Titelfoto: Golden Retriever
Foto S. 1: Kleiner Münsterländer
Foto S. 2: West-Highland-White-Terrier

Vierte, überarbeitete Auflage (Neuausgabe)

BLV Verlagsgesellschaft mbH
München Wien Zürich
80797 München

Lektorat: Dr. Friedrich Kögel

Herstellung und Layout: Sylvia Hoffmann

Satz und Druck: Appl, Wemding
Bindung: Auer, Donauwörth

Printed in Germany · ISBN 3-405-14729-8

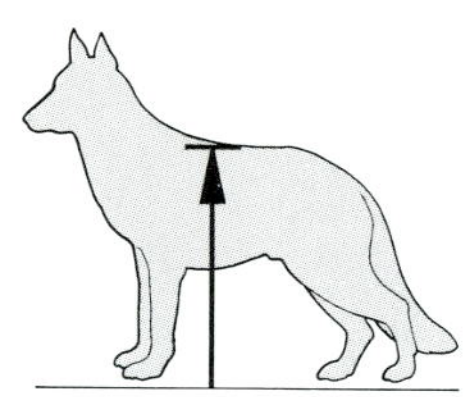

Der Pfeil zeigt die Größe des Hundes (Widerrist = Schulterhöhe) im Verhältnis zur Größe des Schäferhundes, wobei stets der Maximalwert zugrunde gelegt wurde.

Einführung

Hunde bedeuten Ihnen etwas, lieber Leser, sonst hätten Sie mit Sicherheit jetzt nicht nach diesem Buch gegriffen. Sie schlagen es nun auf und blättern ein wenig darin, um vielleicht gleich einmal nachzuschauen, ob denn auch Ihr Vierbeiner hier die ihm gebührende Würdigung gefunden hat. Möglicherweise sind Sie dann enttäuscht, wenn wir ihm überhaupt keine oder Ihrer Meinung nach viel zu wenig Beachtung geschenkt haben. Hier möchten wir Sie nun gleich um Ihr Verständnis bitten, denn wir waren gezwungen, unter der riesigen Anzahl von Hunderassen eine Auswahl zu treffen, die gewiß immer etwas subjektiv gefärbt sein wird. Entsprechend der gestellten Aufgabe haben wir uns bemüht, einen kurzen Überblick über die am häufigsten in Deutschland vertretenen Rassen zu geben. Selbstverständlich hätten wir Ihnen gern umfassend über jede einzelne Rasse berichtet; im vorgegebenen Rahmen mußten wir uns allerdings auf Wesentliches beschränken, und so gibt auch unsere Standardbeschreibung niemals erschöpfende Auskunft, sondern soll Sie lediglich zum genaueren Hinsehen, zum Beobachten und Vergleichen anregen.
Eine gelungene Sache aber wäre dieses Buch, wenn wir damit erreichen könnten, daß Sie selbst sich nun aufmachen, um noch gründlichere Studien zu betreiben und dabei sehr viel Interessantes, Ihnen bisher völlig Unbekanntes über Ihren Vierbeiner in Erfahrung bringen, mit ihm so noch vertrauter werden und – das wäre wunderschön – ihn auch viel besser als zuvor verstehen.
Vielleicht sind Sie aber noch gar kein stolzer Hundebesitzer, sondern haben lediglich ab und an mit dem Gedanken gespielt, sich eines Tages auch einmal so einen lieben Kerl anzuschaffen und damit frohes Leben ins Haus oder die Wohnung zu holen. Dabei spielt es dann noch gar keine Rolle, ob es ein Vertreter dieser oder jener Rasse sein wird. Auch Jäger wissen oft genug nicht genau, welche Jagdhundrasse denn nun eigentlich für ihre Revierverhältnisse am zweckmäßigsten ist. Wir hoffen, das Buch kann in beiden Fällen ein wenig Entscheidungshilfe sein.
Möglicherweise sind Sie aber ganz schlicht nur ein recht wißbegieriger Mensch, der sich gern rundherum ein wenig informiert, wozu dieses Buch dann vielleicht beitragen kann. Viel Spaß und Erfolg beim Bestimmen der Rassen auf Ihrem nächsten Spaziergang.

Der Charakter des Hundes

Wenn Sie die Beschreibungen lesen, mag es Ihnen wohl auffallen, daß wir nur selten näher auf den Charakter der Hunde, auf ihr Wesen eingegangen sind. Dies ist kein Versehen, sondern Absicht. Wir haben dafür einen guten Grund. Auch der Hund ist ein Produkt seiner Umwelt. Die oft ge-

nug schließlich in Tierheimen landenden, verhaltensgestörten Hunde sind hierfür trauriges und erschreckendes Anschauungsmaterial. Lieblose, gleichgültige, unsachgemäße oder gar schlechte Behandlung kann das Wesen eines Hundes zerstören und auch das gutmütigste, freundlichste Tier allmählich zur heimtückischen Bestie werden lassen. Welch hohe Verantwortung trägt hier der Mensch! Außerdem kann evtl. eine Krankheit des Hundes zu einer Charakterveränderung bei ihm führen.
Doch auch im positiven Sinne läßt sich das Wesen eines Hundes entscheidend beeinflussen. Es ist wie Ton, aus dem man mit etwas Geschick sehr schöne Dinge formen kann. Dies trifft in ganz besonderem Maße für den Junghund zu.
Natürlich gibt es schon Charaktereigenschaften, die in der einen oder anderen Rasse besonders stark ausgeprägt und damit regelrecht rassetypisch sind. Sieht man sich nun aber einmal einen ganzen Wurf daraufhin gründlich an, dann stellt man erstaunt fest, daß das für die Rasse so kennzeichnende Wesensmerkmal durchaus nicht bei allen Welpen gleich, sondern in verschiedenen Graden – beim einen sehr stark, beim anderen äußerst schwach – vorhanden ist. Sie werden also jetzt verstehen, warum wir uns zum Wesen nur ungern äußern wollten.

Der Körperbau des Hundes

Für Sie, lieber Leser, war vielleicht bislang Hund immer gleich Hund, der eine zwar ein bißchen größer, der andere wieder kleiner, dicker oder dünner – im Grunde genommen ein recht verschwommenes Bild. Nun aber kommt Farbe da hin-

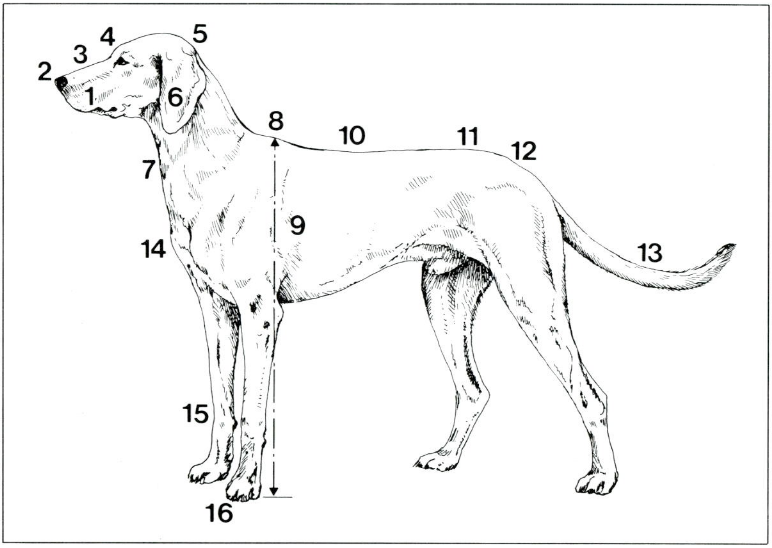

ein. Sie können hier eine Ihnen bisher verschlossene, bunte Welt entdecken. Knopf-, Rosen-, Tulpen-, Steh- und Kippohren – möglicherweise ist Ihnen noch nie zuvor jemals aufgefallen, wie unterschiedlich allein schon die Ohren bei den einzelnen Rassen sind. Ab jetzt werden die Vierbeiner von Ihnen gewiß mit aufmerksameren, prüfenden Augen angeschaut. Deshalb ist es gewiß hilfreich und nützlich für Sie, wenn wir uns an dieser Stelle ein wenig mit dem Körperbau des Hundes befassen und Ihnen die wichtigsten Fachausdrücke erklären, die in den Beschreibungen verwendet wurden.

1 Schnauze oder Fang mit dem Gebiß des Hundes.

Hier sei sogleich vermerkt, daß es beim Hund vier unterschiedliche Gebißformen gibt:

a) Scherengebiß: Dies ist die normale und deshalb häufigste Gebißform. Wenn wir bei der Kurzbeschreibung einer Rasse das Gebiß nicht besonders erwähnt haben, kann man davon ausgehen, daß es sich um ein Scherengebiß handelt.

b) Zangengebiß: Während beim Scherengebiß die Schneidezähne des Oberkiefers ohne Zwischenraum vor denen des Unterkiefers stehen, liegen die Schneidezähne beim Zangengebiß direkt aufeinander. Wenn vorhanden, wurde in der Beschreibung darauf hingewiesen.

c) Gebiß des Vorbeißers: Hier stehen die Schneidezähne des Unterkiefers mit Zwischenraum vor denen des Oberkiefers.

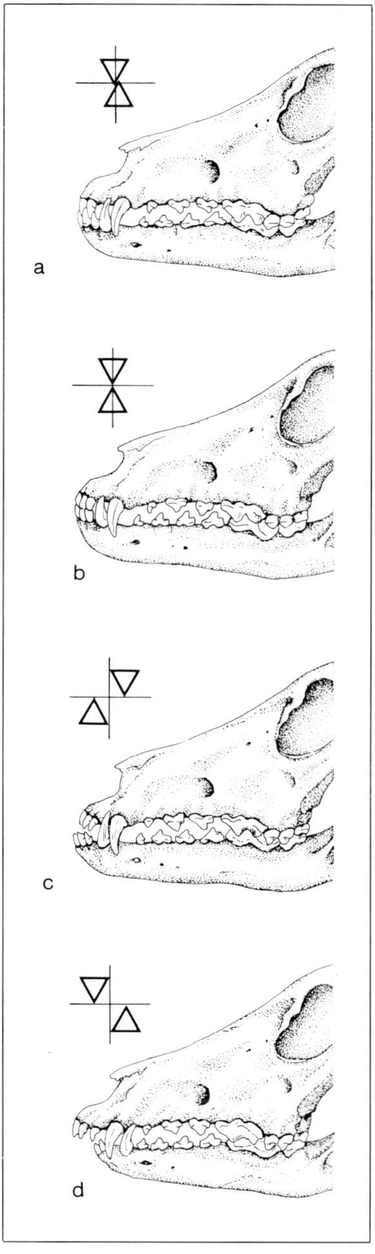

d) Gebiß des Rückbeißers: Hier ist es umgekehrt, denn die Schneidezähne des Oberkiefers stehen mit Zwischenraum vor denen des Unterkiefers, was als Fehler gilt.

2 Nasenspiegel oder Nasenschwamm.

3 Nase des Hundes. Hier sei noch besonders auf eine Nasenform, die Ramsnase, aufmerksam gemacht (s. Abb.).

Ramsnase

4 Stop (=Stirnabsatz).

5 Hinterhauptbein. Dies ist bei einigen Rassen besonders deutlich zu erkennen.

6 Ohr oder Behang. Letzter Ausdruck besonders in der Fachsprache des Jägers verwendet. Es gibt folgende Ohrformen: s. Abb.

Überfallohr

Knopf- oder Kippohr

Rosenohr

Hängeohr oder Behang

Tulpen- oder Fledermausohr

Stehohr

Spitzohr

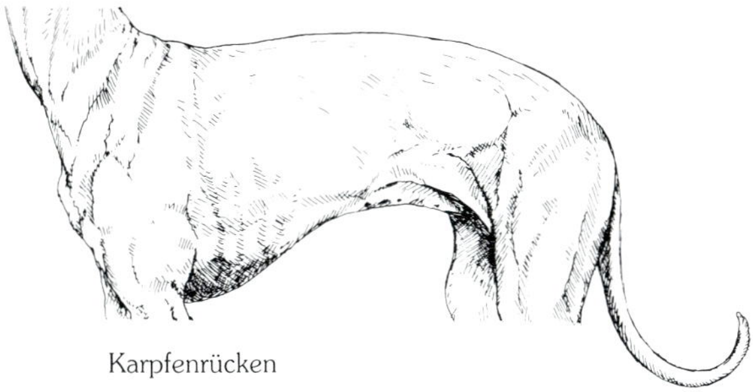

Karpfenrücken

7 Hals. Entsprechend der Beschaffenheit der Haut am Hals spricht man von
trocken: Die Haut liegt gut am Hals an, so daß die Muskeln sichtbar sind.
mit Kehlhaut: Etwas mehr Haut an der Kehle.
mit Wamme: Sehr viel Haut, direkte Hautfalten an der Kehle.

8 Widerrist.

9 Widerrist- oder Schulterhöhe. Die von uns in den Beschreibungen angegebene Schulterhöhe bezieht sich stets auf die Größe der Rüden. Hündinnen sind in der Regel immer etwas kleiner. Es gibt einige Rassen, die nach Gewicht oder Brustumfang gemessen werden.

10 Rücken. Als Besonderheit erwähnten wir in den Beschreibungen den Karpfenrücken, bei dem die Lendenpartie gewölbt ist (s. Abb.).

11 Lende.

12 Kruppe.

13 Rute. Bei vielen Hunden kupiert (=gekürzt).

14 Brust.

15 Lauf.

16 Pfote. Bei den Pfoten unterscheidet man zwischen folgenden Typen: s. Abb.

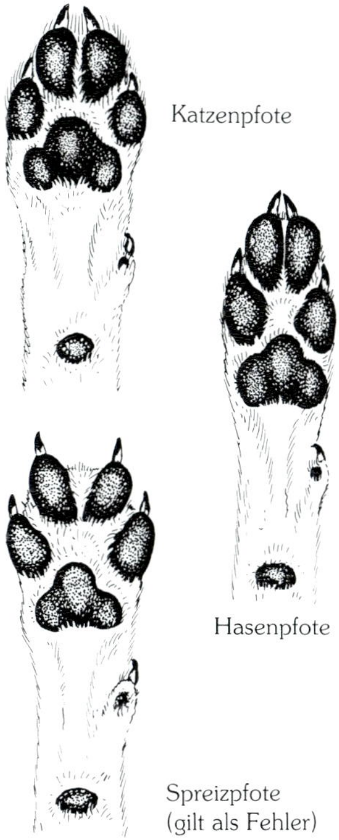

Katzenpfote

Hasenpfote

Spreizpfote (gilt als Fehler)

Die Abstammung des Hundes

Woher stammt der Hund? Wie weit lassen sich seine Spuren zurückverfolgen? Nun, alte Schriften und Gemälde, Zeichnungen sowie Abbildungen von Hunden auf Gegenständen, auch Zahn- und Knochenfunde haben Aufschluß gegeben und als guter Wegweiser gedient. Fehldeutung und Irrtum hat es natürlich auch gegeben. Als erwiesen aber kann heute gelten, daß unser Haushund vom Wolf abstammt.

Schon früh scheint der Mensch zu der Erkenntnis gelangt, daß ihm der Wolf nicht nur tot als Fleisch- und Pelzlieferant, sondern lebendig als Bewacher, Beschützer und Verfolger der Fährten des Wildes noch sehr viel hilfreicher ist. Vermutlich hat auch die Anpassungsfähigkeit des Wolfes hier eine nicht unwesentliche Rolle gespielt, denn er ist gewohnt, im Rudel zu leben und muß sich bereits vom Welpenalter an in eine strikte Rangordnung fügen.

Wahrscheinlich sind es ganz junge Tiere gewesen, die dann den Abstand zwischen Wolf und Mensch durchbrachen und ihren neuen Meuteführer, den Menschen, willig anerkannten. Diese Anhänglichkeit wird auch vor vielen Tausenden von Jahren für den Menschen eine sehr beeindruckende Erfahrung gewesen sein, und die Gelehrigkeit dieses Tieres wird ihn schon damals fasziniert haben. Trotzdem aber muß man sich die Entwicklung des Wolfes zum Haushund als einen langen, sich über große Zeiträume erstreckenden Prozeß vorstellen, bei dem es wohl auch Rückschläge gegeben hat.

Die Entstehung der Rassen

Mit der eigentlichen Hundehaltung, so hat man festgestellt, wurde ungefähr um 12000 v. Chr. begonnen. Infolge der Domestikation hat sich dann im Laufe der Zeit nicht nur das Verhalten, sondern auch das Aussehen des Hundes gewandelt.

Sicher hat auch der Mensch schon recht früh ein Interesse daran gehabt, solche Hunde miteinander zu paaren, die sich zuvor durch irgendwelche hohen Leistungen besonders ausgezeichnet und bewährt hatten. Damit wurden ganz automatisch die Stärksten, die Gesündesten zur Fortpflanzung gezielt eingesetzt. Wahrscheinlich wurde auch eine sehr scharfe Auslese betrieben.

Vermutlich hat man dann mit mehr oder weniger Erfolg den Versuch unternommen, den Körperbau eines Hundes entsprechend seinem späteren Verwendungszweck durch geschickte Auswahl der Elterntiere zu beeinflussen – also z.B. Hunde mit höheren Läufen und schlankeren Körpern zum Hetzen des Wildes zu züchten. Vielleicht hat auch der Zufall die Menschen erst auf diesen Gedanken gebracht. Doch als man hier Fortschritte erreichte, war praktisch der Willkür keine Grenze mehr gesetzt und man begann, nach Lust und Laune, nach individuellem Geschmack und Verwendungszweck, Neues entstehen zu lassen. Dadurch mögen sich ziemlich explosionsartig die unterschiedlichsten Hundetypen herausgebildet haben.

An den Fürstenhöfen hat es bereits schon früh Rassezucht gegeben. Von einer Rassegeschichte aber kann erst

seit dem 19.Jahrhundert gesprochen werden, denn seit dieser Zeit haben sich die Züchter in Zuchtvereinen zusammengeschlossen, um sich gemeinsam für die Belange einer bestimmten Rasse einzusetzen. Zuchtbücher, Ahnentafeln sowie eine genaue, schriftliche Festlegung des Standards sind der Beweis ihres Bemühens, den Fortbestand und die Reinerhaltung einer Rasse zu überwachen und zu sichern sowie die ihr eigenen Qualitäten zu erhalten und stetig zu fördern. Auf diese Weise wurde dann innerhalb verhältnismäßig kurzer Zeit ein recht einheitliches Erscheinungsbild bei den einzelnen Rassen erzielt.
Zur verantwortungsvollen Aufgabe der Zuchtvereine gehört es heute, darüber zu wachen, daß einer Rasse weder durch Überzüchtung noch durch Nichtbeachtung von Mängeln oder gar Schwächen Schaden zugefügt wird.

Die Beziehung Mensch – Hund

Überall auf der Welt hat über die Jahrtausende hinweg der Hund eine sehr starke Anziehungskraft auf den Menschen ausgeübt. Es gibt aber auch wohl kaum ein anderes Tier, das jemals so eng mit dem Menschen verbunden und oft genug sogar von ganz entscheidender Bedeutung für dessen Leben gewesen wäre. Im hohen Norden, in Eis und Schnee, waren es Hunde, die dem Menschen das Überleben ermöglichten. Man denke aber auch an den Blindenhund oder die Sanitäts- und Lawinenhunde, die unzählige Menschen gerettet haben.
Zunächst mögen die Hunde dem Jäger zum Finden und Erjagen der Beute gedient und nachts den Schutz übernommen haben. Von Nomadenstämmen als Hüter der Herden geschätzt, wurden sie auch schon bald zum Bewacher von Haus und Hof und allem Eigentum des Menschen. In den vielen Kriegen haben sie früher zur Verteidigung und zum Vertreiben der Feinde beigetragen oder als Nachrichtenübermittler oft eine wichtige Rolle gespielt.
Lange Zeit wurden sie auch – und dies zeigt die ganze Grausamkeit des ach so überlegenen Menschen – zur Befriedigung von Sensationslust als Kampfhunde mißbraucht. Dann wieder wurden sie als Begleithund von Kaisern, Königen und Fürsten gehalten oder als Schoßhündchen von reichen Damen verwöhnt.
Immer vielfältiger sind die Ansprüche an den Hund und damit auch die Bindung des Menschen an ihn immer fester geworden, so daß der Hund nun schließlich in unserer Zeit auf mannigfaltige Weise als Dienst- oder Gebrauchs-, als Begleit- oder Jagdhund seine Pflicht erfüllt. Er ist in der Tat aus unserer heutigen Welt nicht mehr wegzudenken. So ist es nicht etwa übertrieben, sondern recht gut zu verstehen, wenn viele Hundebesitzer bekennen, ihr Hund sei ihr bester Freund, und man dabei ganz deutlich merkt, wie ein Gefühl des Stolzes und der Dankbarkeit damit zum Ausdruck kommt.
Und wenn man sich dann die Frage stellt, welche Eigenschaften des Hundes denn nun für die so positive Entwicklung in der Mensch-Hund-Beziehung von Bedeutung waren, so

fällt neben der genannten Anpassungsfähigkeit die Anhänglichkeit des Hundes auf.
Es wird behauptet, daß ein Hund das geistige Stadium eines vierjährigen Kindes erreichen könne. Dieser Lebensabschnitt aber ist beim Kind gerade von dem Anlehnungsbedürfnis, der Anhänglichkeit, geprägt. Während der junge Mensch dann schrittweise dieses Stadium verläßt, um der Selbständigkeit und Unabhängigkeit allmählich entgegenzustreben, bleibt im Hund diese kindliche Anhänglichkeit ein Leben lang erhalten.
Ganz wesentlich zu dieser guten Beziehung trägt gewiß auch die Beobachtungsgabe des Hundes bei. Da scheint ein Hund gemütlich und etwas gelangweilt mit halbgeschlossenen Augen den Tag zu verdösen, und plötzlich wird einem klar: »Der hat mich jetzt voll im Visier, dem entgeht nichts!« An den Reaktionen des Hundes läßt sich deutlich erkennen, wie genau er beobachtet und den betreffenden Menschen dadurch sehr gut kennenlernt.
Hinzu kommt ein Phänomen, das mit der Beobachtungsgabe des Hundes zusammenhängt – sein Einfühlungsvermögen. Mit einer feinen Antenne vermag der Hund die leisesten menschlichen Regungen wahrzunehmen und – das ist das Entscheidende – er empfindet mit.
Freude und gute Laune wird von ihm mit wedelnder Rute und fröhlichem Springen quittiert. Spürt er dagegen Bedrücktheit oder gar Trauer, läßt auch er seine Ohren hängen. Empfindet man Mißtrauen oder Abneigung gegenüber einem anderen Menschen, so tut auch er dies durch warnendes Knurren kund. Gibt's sogar Streit, bellt er kräftig mit und wird vielleicht sogleich zum Angriff auf den Gegner übergehen. Bei Schmerzen des Menschen – auch wenn dieser nicht stöhnt – zeigt er Unruhe und Angst und versucht auf mannigfaltigste Art, seine geliebte Bezugsperson zu ermuntern und zu trösten. Er weiß einfach immer, was los ist, und es wäre nicht schwer, die Reihe der Beweise fortzusetzen. Voraussetzung für ein solches Reagieren des Hundes ist jedoch, daß auch der Mensch sich intensiv mit ihm befaßt – die Beziehung Mensch–Hund also tatsächlich stimmt.

Hundehaltung heute

So ist es verständlich und zu begrüßen, wenn Menschen gern einen Hund als fröhlichen, treuen Kameraden und guten, wachsamen Hausgenossen um sich haben wollen. Doch bevor man sich zur Anschaffung eines Hundes entschließt, sollten verantwortungsbewußt ein paar sehr wichtige Dinge geklärt werden:
Ein Hund ist kein Gegenstand, den man heute kaufen und morgen, wenn er einem vielleicht lästig wird, wieder wegwerfen kann. Er ist ein Lebewesen, das auf einen angewiesen ist und einen braucht. Man muß fähig und in der Lage dazu sein, seine Pflichten diesem Lebewesen gegenüber gewissenhaft zu erfüllen.

- **Man muß ihm ein liebevoller, gütiger, geduldiger, aber auch konsequenter Führer sein, der sich stets bemüht, sein Tier zu verstehen!**

Ein Hund ist nichts für einen jähzornigen oder nervösen Menschen, kein Blitzableiter für schlechte Laune und darf keinesfalls zum Abreagieren von Geltungsdrang und Herrschsucht dienen. Für Kinder soll er Spielkamerad, aber nicht Spielzeug sein. Deshalb keinen Hund halten bei sehr kleinen Kindern oder solchen, die zu wenig Einfühlungsvermögen besitzen und daher durch ihr unvernünftiges, ständiges Einwirken auf den Hund ihm nicht die nötige Ruhe lassen würden.

- **Man muß ihm ausreichenden und seiner Anlage entsprechenden Lebensraum bieten!**

Ein großer Hund gehört niemals in eine kleine Mietswohnung, und einen Jagdhund kann man nicht als Schoßhund halten.

- **Man muß ihm die für ihn notwendige Ernährung und Pflege zukommen lassen!**

Ein Hund ist kein Mülleimer, in den man Abfälle stopft. Er braucht eine vollwertige, seinen Bedürfnissen angepaßte Ernährung. Zur Pflege gehören nicht nur das tägliche Kämmen und Bürsten, sondern die regelmäßigen Impfungen und – im Krankheitsfall – der Tierarztbesuch. Steht zu wenig Geld zur Verfügung, muß auf den Hund verzichtet werden.

- **Man muß ihm den erforderlichen, täglichen Auslauf verschaffen und auch täglich Zeit haben, sich mit ihm zu beschäftigen!**

Kranke oder gehbehinderte Menschen sollten sich diesem Problem schonungslos stellen. Für ganztägig Berufstätige muß der Verzicht auf einen Hund selbstverständlich sein.

Zur täglichen Beschäftigung mit dem Hund gehören außer fröhlichem Spiel auch ein paar Gehorsamsübungen, was selbstverständlich nie in Drangsalierung des Hundes ausarten darf. Jagdhunde bedürfen einer gründlichen Ausbildung in den Gehorsamsfächern, da sie anderenfalls für die Jagd einfach unbrauchbar sind.

Aus der Erfahrung mit den von uns nun schon seit Jahren durchgeführten Ausbildungskursen für Hund und Hundeführer wissen wir jedoch, wie schwer es für Hundebesitzer ist, die richtige, erfolgreiche Methode dafür zu finden. Sie erhalten so viele, oft genug direkt widersprüchliche Ratschläge. Dadurch werden sie völlig verunsichert und haben die berechtigte Sorge, sich womöglich ihren Hund durch unsachgemäßes Vorgehen restlos zu verderben. Um hier Abhilfe zu schaffen, haben wir in unserem Buch »Der richtige Umgang mit dem Hund« ein Trainingsprogramm für die Gehorsamsausbildung entwickelt, das sich inzwischen schon bei sehr vielen Hunden der unterschiedlichsten Rassen bestens bewährt hat. Der Hundeführer erhält hier genaue, leicht verständliche Anweisungen, um seinen Hund liebevoll und geduldig – aber auch konsequent – in kleinen Schritten innerhalb eines Zeitraums von 4 Monaten zu einem gehorsamen Begleiter heranzubilden, an dem er viel Freude hat.

In diesem Sinne wünschen wir uns für jeden Hund ein glückliches Hundeleben.

Deutscher Schäferhund

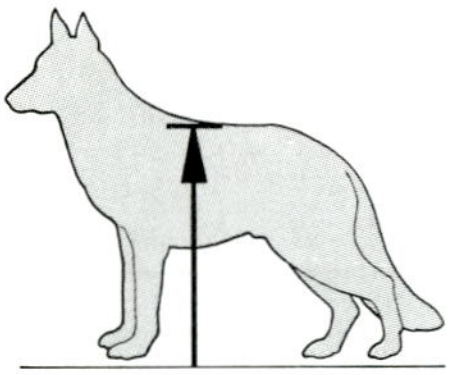

Mit der planmäßigen Zucht des Deutschen Schäferhundes wurde 1899 begonnen. Man hat ihn aus den mittel- und süddeutschen Schlägen der damals vorhandenen Hütehunde gezüchtet. Heute ist dieser Gebrauchshund überall auf der Welt gefragt und vertreten. Es gibt wohl auch keine andere Rasse, die je auf so mannigfaltige Weise in den Dienst des Menschen gestellt worden wäre und zuverlässig als Dienst-, Schutz-, Herden-, Fährten-, Blinden- oder Rettungshund arbeitet. Auf all den genannten Gebieten hat sich der Deutsche Schäferhund als treuer Helfer bestens bewährt. Wenngleich sein Körperbau und seine Veranlagung den gestellten Anforderungen sehr entgegenkommen, ist dies aber ohne Ausbildung nicht möglich, und so muß der Deutsche Schäferhund für die ihm gestellten Aufgaben und sein ganz spezielles Arbeitsgebiet – z.B. bei der Polizei, beim Zoll oder der Bergwacht – zunächst einmal gründlich vorbereitet werden und dann seine Befähigung und sein Können auf entsprechenden Prüfungen unter Beweis stellen.
Leider ist es in der Vergangenheit öfter vorgekommen, daß gerade Schäferhunde für negative Schlagzeilen in der Presse sorgten. Diese sehr traurige Tatsache ist zum einen auf gewissenlose Züchter zurückzuführen, die Hunde zur Zucht verwendet haben, deren Wesen schon mehr oder weniger zu wünschen übrig ließ. Zum anderen tragen verantwortungslose Besitzer die Schuld, weil sie entweder ihren Hund unbedingt mannscharf machen wollten, obwohl ihm die dafür zwingend erforderliche Wesensfestigkeit fehlt, oder aber leichtfertigerweise versäumt haben, auf einen zuverlässigen Gehorsam des Tieres den allergrößten Wert zu legen.
Größe: Schulterhöhe 62,5 cm (±2,5 cm). **Kopf:** Der Körpergröße entsprechend, ohne plump, zu fein oder überstreckt zu sein. In der Gesamterscheinung trocken, zwischen den Ohren mäßig breit. Stop gering, Fang lang und kräftig. Ohr mittelgroß, am Grund breit, hoch angesetzt, stehend getragen, spitz auslaufend und mit der Muschel nach vorn gestellt. Auge mittelgroß, mandelförmig, etwas schräg liegend und nicht vortretend. Augenfarbe der des Haares angepaßt, möglichst dunkel. **Körper:** Lang; kräftiger, muskulöser Hals ohne Wamme. Brust tief, nicht zu breit, Unterbrust möglichst lang und ausgeprägt. Rippen wohlgeformt, weder zu flach noch tonnenförmig. Bauch mäßig aufgezogen. Rücken einschließlich Lende gerade und kräftig, zwischen Widerrist und Kruppe nicht zu lang. Kruppe lang, leicht abfallend. Buschig behaarte Rute reicht mindestens bis zum Sprunggelenk. **Haar:** Stockhaarig: Gerade, harsch, fest anliegend; Deckhaar möglichst dicht. Langstockhaarig: Länger, nicht immer gerade, nicht straff am Körper anliegend. Langstockhaar ist bei genügender Unterwolle noch zur Zucht zugelassen (wenn Zuchtordnung des Landes dies erlaubt). Langhaar, zumeist sehr weich, ist unerwünscht, weil Wetterfestigkeit und Gebrauchstüchtigkeit dadurch erheblich gemindert. **Farbe:** Schwarz mit regelmäßigen braunen, gelben bis hellgrauen Abzeichen, auch mit schwarzem Sattel, dunkel gewolkt, schwarz, grau einfarbig oder mit hellen oder braunen Abzeichen.

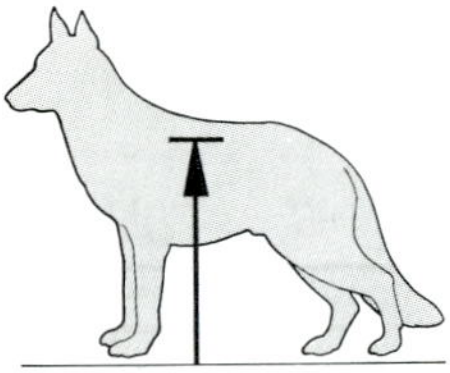

Belgischer Schäferhund, Laekenois (Foto oben links)

Königin Marie Henriette hatte eine Vorliebe für diesen Hund, der nach dem königlichen Schloß Laeken benannt ist. Oft fuhr sie dort hin, um dieser Rasse bei der Arbeit zuschauen zu können. Der Laekenois wurde früher hauptsächlich in der Nähe von Antwerpen gezüchtet. Man setzte ihn gern zum Bewachen der Bleichen ein.

Größe: Bis auf Haar und Farbe alle Merkmale wie beim unten beschriebenen Groenendael. **Haar:** Rauh, ca. 6 cm lang, am Kopf kürzer. **Farbe:** Rotblond mit etwas schwarzer Färbung auf Nase und Rute.

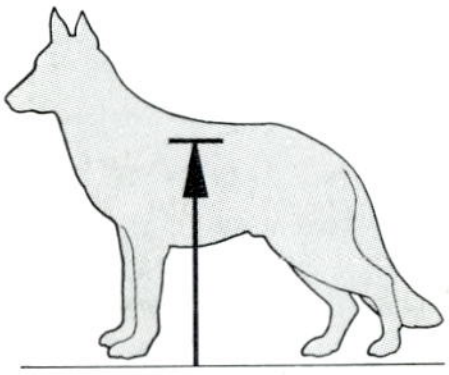

Belgischer Schäferhund, Tervueren (Foto oben rechts)

Der Tervueren gehört zur gleichen Schäferhundrasse wie der Groenendael und unterscheidet sich von diesem lediglich durch seine Farbe, ein mit Schwarz gemischtes Rotblond. Man ist der Meinung, daß dieser Schäferhund noch robuster und widerstandsfähiger ist und verwendet ihn deshalb gern zur Blutauffrischung von verwandten Rassen.

Größe: Alle Merkmale – bis auf die Farbe – die gleichen wie beim unten beschriebenen Groenendael. **Farbe:** Ein mit Schwarz gemischtes Rotblond, vorzugsweise mit schwarzer Maske.

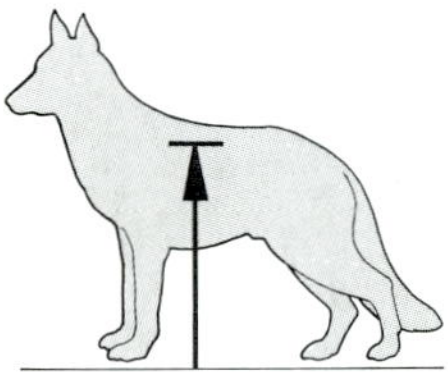

Belgischer Schäferhund, Groenendael (Foto unten)

Dieser am häufigsten in Belgien vertretene Schäferhund wurde nach dem südlich von Brüssel gelegenen Schloß Groenendael benannt, dessen Besitzer die Zucht dieser Rasse aufgebaut hat. Der Groenendael ist kein reiner Hütehund geblieben, sondern ist dank seiner guten Eigenschaften auch hervorragend für die Verteidigung und Bewachung geeignet und hat sich als Helfer der Polizei und Armee verdient gemacht.

Größe: Schulterhöhe ca. 62 cm. **Kopf:** Lang, jedoch nicht zu lang und mittelbreit. Stop nicht sehr ausgeprägt, weiter Fang. Das Ohr hat eine ausgesprochen dreieckige Form, gestreckt und gerade, hoch angesetzt mit schöner, runder Ohrmuschel. Mittelgroßes, mandelförmiges, möglichst dunkelbraunes Auge. **Körper:** Etwas länglicher, muskulöser Hals ohne Wamme. Brust tief, mittelbreit, Bauch nicht aufgezogen; Widerrist betont. Rücken gerade, breit, ausgesprochen muskulös, leicht eingezogene Kruppe, breit, jedoch nicht zu breit. Mittellange Rute, herabhängend getragen. **Haar:** Üppiges, dichtes Haar von guter Beschaffenheit, das mit der Unterwolle zusammen einen ausgezeichneten Schutz bietet. **Farbe:** Schwarz.

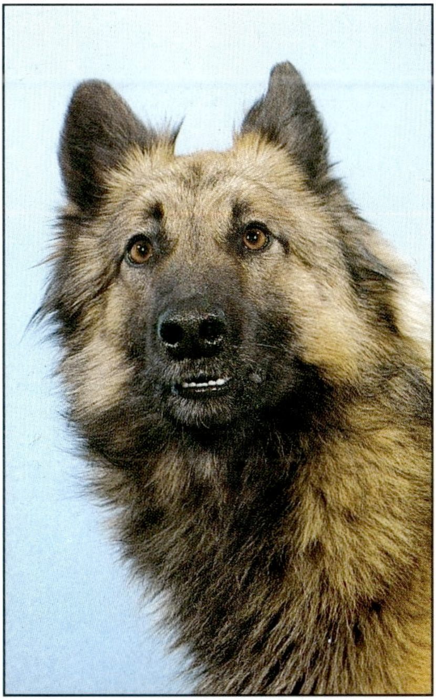

Berger de Brie, Briard

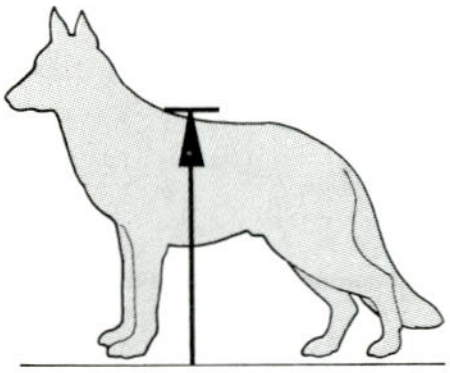

Eine sehr alte Rasse, die überall in Frankreich, besonders jedoch im Norden vertreten ist. Dieser rustikale, aber dennoch elegant wirkende Hund hat Jahrhunderte hindurch eine erstaunliche Homogenität bewahrt. In Frankreich noch Hüter der Herden, sonst geschätzter Wach- und Ausstellungshund. Er wurde bereits 1863 auf einer Ausstellung in Paris vorgestellt. Heute ist der Briard auch in Deutschland immer häufiger anzutreffen. In jüngster Zeit setzt man ihn gern als Suchhund bei Katastrophen – z.B. Lawinenunglück – ein.

Größe: Schulterhöhe 62–68 cm. **Kopf:** Ziemlich lang, nicht zu breit, deutlich erkennbarer Stop. Hochangesetztes Ohr, vorzugsweise kupiert (in Deutschland jedoch seit 1987 nicht mehr gestattet), hoch aufgerichtet getragen. Auge verhältnismäßig groß, dunkel. **Körper:** Muskulöser Hals, ziemlich lang. Brust breit, tief; gerader Rücken, Kruppe wenig geneigt. Rute mittellang, gut behaart mit Hakenbildung am Ende. **Haar:** Lang, gedreht, trocken (Art Ziegenhaar). **Farbe:** Einfarbig, alle Farben mit Ausnahme von Weiß. Dunklere Farben sind vorzuziehen.

Holländischer Schäferhund

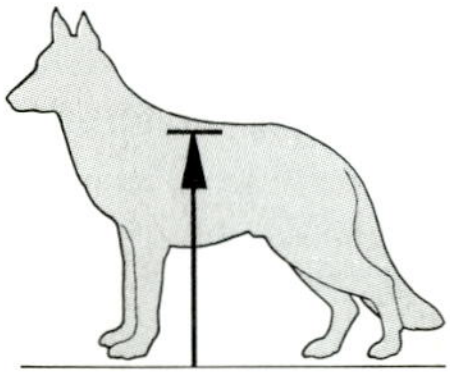

Die Holländer haben für ihre Schafherden auch eine eigene Schäferhundrasse gezüchtet, die man in den kurzhaarigen, den rauhhaarigen sowie den langhaarigen Schlag unterteilt. Am häufigsten ist der kurzhaarige Schäferhund, dessen auffälligstes Merkmal sein hell- oder dunkelgestreiftes Haar ist, während der rauhhaarige (Abb. unten) viel seltener und der langhaarige so gut wie ausgestorben ist. Dieser anspruchslose, widerstandsfähige und wachsame Hund ist zwar auch in Deutschland bekannt, aber im Grunde genommen doch kaum über die Grenzen seines Ursprungslandes hinausgekommen.

Größe: Schulterhöhe 58–63 cm. **Kopf:** Trocken, mittellang, eher schmal, flacher Schädel; Fang etwas länger als der Schädel, der beim rauhhaarigen Schlag etwas quadratischer. Hochangesetztes Ohr, eher klein, aufrecht, weder rund noch spitz. Auge mittelgroß, leicht schräg gestellt, dunkel. **Körper:** Hals nicht zu kurz, ohne Kehlhaut. Tiefe, nicht zu schmale Brust, leichte Rippenwölbung. Rücken kurz, gerade, kräftig; Rute lang, am Ende ganz geringfügig nach oben gebogen. **Haar:** Kurzhaarig: Recht hartes, nicht zu kurzes Haar mit wolliger Unterwolle. Rauhhaarig (Abb.): Dichtes, hartes Haar, so wenig wie möglich gewellt, dichte Unterwolle, Bart und harte Augenbrauen. Langhaarig: Langes, gerades, grobes Haar mit Unterwolle. Kopf und Vorderseite der Läufe kurz behaart. **Farbe:** Kurz- und langhaarig: Gold-gestromt, silber-gestromt, Maske vorzugsweise schwarz. Rauhhaarig: Blaugrau, pfeffersalz, gold-gestromt, silber-gestromt.

Bobtail

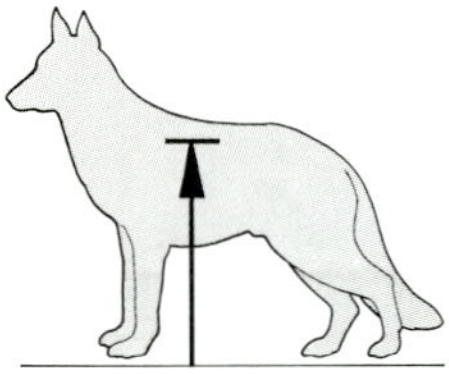

»Bobtail« heißt »Stummelschwanz«. Dieser alte englische Schäferhund ist also nach seinem typischen Merkmal benannt. Er soll zu den ältesten Schäferhundrassen Englands gehören. Seine Abstammung läßt sich nicht eindeutig klären. Vor ca. 100 Jahren wurde der Standard für den Bobtail erstmals festgelegt. In Amerika ist er als Luxus- und Begleithund bekannt. Auch in Deutschland hat dieser durch sein zottiges Fell wuchtig wirkende, wachsame Hund mit dem ruhigen Wesen, seinem bärenhaft schleifenden Gang (Paßgang) und der eigenartig dumpf dröhnenden Stimme viele Anhänger gefunden.

Größe: Schulterhöhe 61 cm und größer. **Kopf:** Großer, nahezu quadratischer Schädel mit deutlichem Stop, gut behaart. Ohren klein, flach hängend, mäßig behaart. Auge dunkel oder glashell, meist von überhängenden Haaren bedeckt. **Körper:** Kurz und gedrungen, ziemlich langer Hals, tiefe, recht breite Brust; Rippen gut gewölbt, starke, leicht gewölbte Lenden, Rute ganz kupiert. **Haar:** Sehr üppig, gutes Webmuster, lang und zottig mit dichter Unterwolle. **Farbe:** Jeder Grauton, gescheckt, blau oder Blauschimmel.

Collie

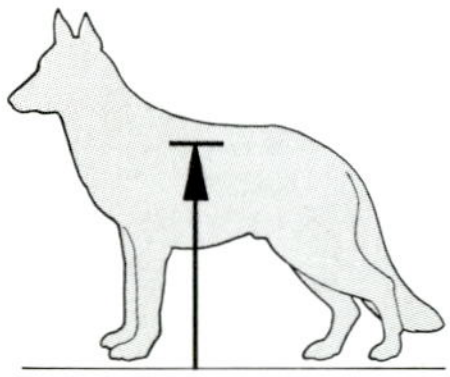

Der Schäferhund Schottlands, dessen Vorfahr der Border-Collie ist. Man unterscheidet zwischen Langhaar- und Kurzhaar-Collie, wobei der letztere durch Kreuzung des Langhaar-Collies mit dem Greyhound entstanden sein soll. Die schottischen Schafe mit den schwarzen Gesichtern und Beinen werden »colleys« genannt, und so wurde aus dem »colley-dog« wohl später der Collie. Dieser weltweit bekannte Hund hat sich auch als Film-Hund einen Namen gemacht und ist in Deutschland durch Fernseh-Serien sehr populär geworden. Er zeigt sich Fremden gegenüber reserviert und ist ein zuverlässiger Bewacher von Haus und Hof.

Größe: Schulterhöhe 56–61 cm. **Kopf:** Schmal und flach, leichter Stop. Harmonische Proportionen von Schädel und Fang. Kleines Ohr, zu einem Drittel gekippt. Auge mittelgroß, dunkelbraun, mandelförmig, schräggesetzt. Blauschimmel auch blaues oder glashelles Auge. **Körper:** Recht lang; muskulöser, kräftiger Hals, tiefe, breite Brust. Rute lang, hängend, Spitze leicht aufwärts gebogen. **Haar:** Langhaar (Abb.): Dichtes, langes Deckhaar mit weicher, dichter Unterwolle. Kurzhaar: Kurz, hart und dicht. **Farbe:** Gelbweiß, dreifarbig (schwarz mit weißen und gelbbraunen Abzeichen), Blauschimmel.

Boxer

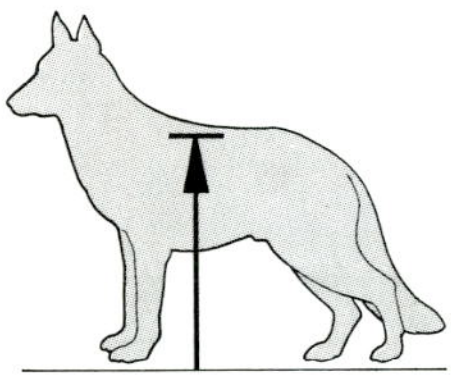

Der Boxer stellt eine rein deutsche Züchtung dar. Man begann mit der Zucht dieser verhältnismäßig jungen Rasse Ende des letzten Jahrhunderts in Bayern, und zwar durch Kreuzung und anschließende Selektion von Kampfhunden, von Bullenbeißern und Englischen Bulldoggen. Schon sehr bald konnte man züchterische Erfolge verzeichnen. 1895 wurde der Boxer erstmals auf der Hundeausstellung in München vorgeführt, wo er sehr viel Beachtung fand. Im Laufe der Jahre ist dieser mittelgroße, stämmige Hund dann zu einem sehr beliebten Haus- und Begleithund geworden, der im allgemeinen als gutmütig, kinderfreundlich und äußerst wachsam gilt, ohne dabei ein Kläffer zu sein, und der vor allem auch gern Schutzfunktion übernimmt. Gerade seine Eignung zum Wach- und Schutzhund hat ihm auch im Ausland einen guten Namen eingebracht. So hat sich der Boxer schon in vielen Ländern als Polizeihund bewährt.

Größe: Schulterhöhe 57–63 cm. **Kopf:** Darf weder zu schwer noch zu leicht sein und muß gut zur Gesamterscheinung passen. Oberkopf schlank und kantig, Fang möglichst breit und mächtig. Die Schnauze darf weder spitz noch schmal, kurz oder flach sein und muß immer im richtigen Verhältnis zum leicht gewölbten Oberkopf stehen; Vorbeißer. Markanter Stop. Stirnfurche darf zwischen den Augen nicht zu tief sein. Hochangesetzte, mäßig lange Ohren, die in Deutschland seit 1987 nicht mehr kupiert werden dürfen. Auge dunkel, weder klein noch hervorquellend oder tiefliegend. Nase breit und schwarz, leicht aufgestülpt. **Körper:** Quadratisch; Hals nicht zu kurz, muskulös und trocken ohne Kehlhaut oder Wamme. Tiefe Brust, Rippen gut gewölbt, jedoch nicht tonnenförmig gerundet. Rücken kurz, gerade, breit und stark bemuskelt; Widerrist gut markiert. Sehr kurz kupierte Rute. **Haar:** Kurz, hart, anliegend, glänzend. **Farbe:** Dunkelhirschrot bis hellgelb und gestromt. Weiße Abzeichen gestattet, solange das Weiß nicht mehr als ein Drittel der Grundfarbe beträgt. Maske schwarz, auf die Schnauze beschränkt.

Leonberger

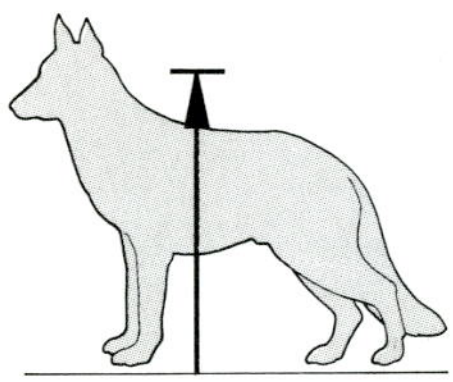

Die Stadt Leonberg in Württemberg ist die Heimat dieser deutschen Rasse, die es seit 1846 gibt (Kreuzung zwischen Neufundländer und Bernhardiner). Ein kräftiger, widerstandsfähiger Wach- und Schutzhund, besonders für das Bewachen größerer Anwesen – wie Gehöfte und Fabriken – geeignet.

Größe: Schulterhöhe 72–80 cm. **Kopf:** Oberkopf mäßig gewölbt, Stop mäßig, Fang mittellang, nicht spitz. Nasenschwamm tief schwarz. Behang hoch angesetzt, am Kopf anliegend. Auge mittelgroß, dunkel. **Körper:** Tiefe Brust, nicht tonnenförmig; strammer Rücken, Nierenpartie kräftig. Rute lang, sehr reich behaart (Besenrute). **Haar:** Lang, mittelweich bis derb mit guter Unterwolle, anliegend. Hübsche Mähne an Hals und Brust. **Farbe:** Goldgelb bis rotbraun mit schwarzer Maske, auch fahlgelb mit dunklen Haarspitzen.

Riesenschnauzer

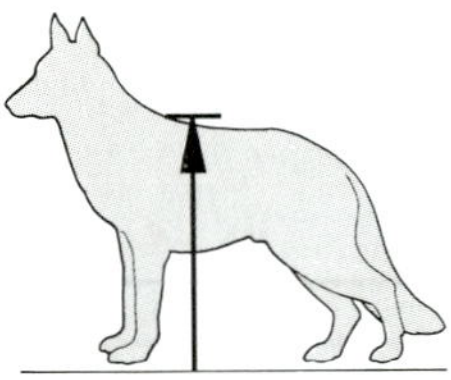

Eine deutsche Rasse, über deren Vorfahren mancherlei Vermutungen angestellt werden. Mit Sicherheit kann das bayerische Oberland als Heimat des Riesenschnauzers betrachtet werden. Hier wurde er von Bauern gezüchtet, die seine Schärfe, seine Treue und Anhänglichkeit sowie seine große Wachsamkeit zu schätzen wußten. Es dauerte nicht lange, bis sich diese Rasse überall einen guten Namen verschafft hatte. Der Riesenschnauzer zählt zu den Gebrauchshunden. Er hat sich im Schutzdienst – auch bei der Polizei – schon bestens bewährt. Da er sehr gelehrig ist und sich recht leicht abrichten läßt, wird er auch gern als Blindenhund genommen.

Größe: Schulterhöhe 60–70 cm. **Kopf:** Langgestreckt; Stop durch die Brauen deutlich ausgeprägt, kräftiger Fang. Ohren entweder kupiert, hoch angesetzt, aufrecht getragen oder unkupiert (natürlich) V-förmig, mittellang, Klappfalte seitlich getragen (in Deutschland seit 1987 nur noch unkupiert erlaubt). Auge oval, dunkel, nach vorn gerichtet. **Körper:** Kräftig, quadratischer Bau. Hals nicht zu kurz, trocken. Nacken kräftig und leicht gewölbt. Tiefe, mäßig breite Brust mit geringer Rippenwölbung, ausgeprägte Vorbrust. Rücken kurz, fest, leicht abfallend. Hochangesetzte Rute, aufrecht getragen, bis auf 2–3 Glieder kupiert. **Haar:** Dicht, drahtig, hart mit harschem Bart und buschigen Augenbrauen. **Farbe:** Lackschwarz ohne Abzeichen, pfeffersalz.

Dobermann

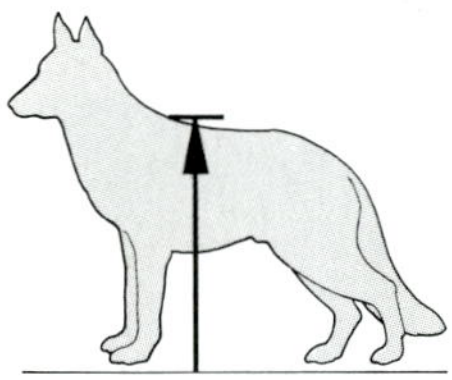

Ihren Namen verdankt diese Rasse dem Abdecker Louis Dobermann aus Apolda in Thüringen. Er suchte sich die schärfsten Hunde mittlerer Größe wie Pinscher, Schäfer- und Jagdhunde aus und schuf durch unermüdliche Kreuzung eine neue Rasse, eben den Dobermann. Dieser Hund soll aber noch ziemlich plump gewesen sein. Erst durch die züchterischen Bemühungen eines Otto Göller, der Dobermanns Arbeit fortsetzte, entstand dann der heute bekannte Typ, ein schneller und sehr wendiger Schutzhund. Vermutlich hat Göller auch Black-and-Tan-Terrier eingekreuzt, die um die Jahrhundertwende häufig in Deutschland anzutreffen waren. Nach 1900 wurden jedoch keine weiteren Rassen mehr eingekreuzt.

Größe: Schulterhöhe 62–69 cm. **Kopf:** Verhältnismäßig schmaler, flacher Schädel; Fang ziemlich lang und tief, geringer Stop. Ohren klein, hängend, teilweise auch kupiert, was in Deutschland seit 1987 jedoch nicht mehr gestattet ist. Auge rund, mittelgroß, dunkelbraun. **Körper:** Hals lang, trokken; mittelbreite, tiefe Brust, leichte Rippenwölbung, Bauch leicht hochgezogen, Rute kupiert. **Haar:** Kurz, dicht und hart. **Farbe:** Schwarz, schokoladenbraun oder blau mit bräunlichen Abzeichen.

Deutsche Dogge

(Foto oben)

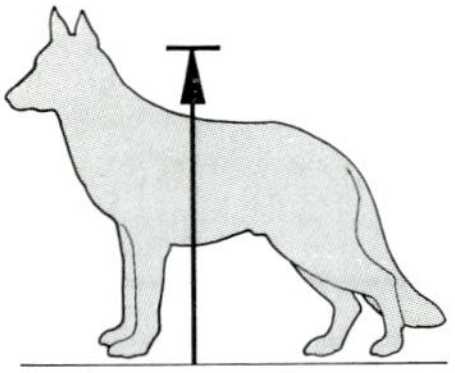

Wahrscheinlich durch Kreuzung von Mastiff und Windhund entstanden. Anfang des 19.Jahrhunderts wurde mit der Zucht der meist schwarz-weiß gefleckten »Ulmer Doggen« begonnen. Die oft im Ausland verwendete Bezeichnung »Dänische Dogge« ist irreführend, weil es sich dabei ursprünglich um aus Deutschland importierte Deutsche Doggen gehandelt hat. Als Wach- und Verteidigungshund genießt diese Rasse im In- und Ausland einen sehr guten Ruf. Es wird stets auf die Familienfreundlichkeit des Hundes hingewiesen.
Größe: Schulterhöhe mindestens 80 cm, jedoch viel größer erwünscht. **Kopf:** Schädel lang, ziemlich schmal, Stop stark ausgeprägt. Fang lang, breit. Ohren hoch angesetzt, eher engstehend, kupiert, gut lang, gut spitz, straff, aufrecht getragen (in Deutschland ist das Kupieren aber seit 1987 nicht mehr gestattet). Auge mittelgroß, rund, möglichst dunkel. **Körper:** Hals lang, kräftig, ohne Wamme. Brust breit, tief, gute Rippenwölbung. Kurzer, kräftiger Rücken, schwach abfallende Kruppe, mittellange Rute. **Haar:** Kurz, glänzend. **Farbe:** Gestromt, gelb, blau, lackschwarz, schwarz-weiß gefleckt.

Englische Bulldogge

(Foto unten links)

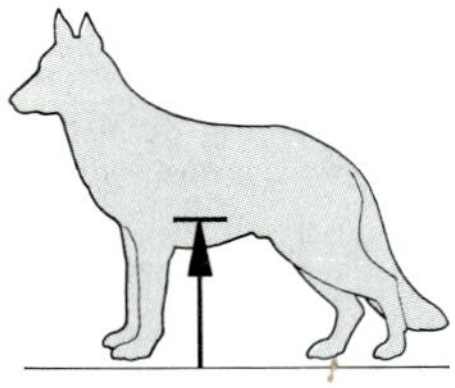

Früher für Stierkämpfe gezüchtet. Daher wurde nur Wert auf grenzenlosen Mut und Kampfgeist gelegt. Nach Verbot solcher Stierkämpfe 1835 war die Rasse längere Zeit vergessen, bis spätere Züchter die Wildheit dieser Doggen zurückdrängten und dafür ihrer Intelligenz und Aufmerksamkeit größte Beachtung schenkten. Heute beliebter Haus- und Ausstellungshund.
Größe: Schulterhöhe um 40 cm. Gewicht 25–30 kg. **Kopf:** Sehr groß, Schädel breit, Schnauze sehr breit, kurz; Unterkiefer aufwärts gebogen, Vorbeißer. Tiefer Stop, schwere Hautfalten zwischen Nase und Stop. Kleines Rosenohr, dünn. Auge tief am Schädel angesetzt, weit von den Ohren und voneinander entfernt, rund, mittelgroß, sehr dunkel. **Körper:** Hals mäßig lang, sehr massiv, deutliche Wamme. Brust sehr tief, breit. Karpfenrücken, Rute mittellang. **Haar:** Fein, kurz, dicht und weich. **Farbe:** Alle Farben, auch gestromt, außer schwarz-weiß oder reinschwarz.

Bordeaux-Dogge

(Foto unten rechts)

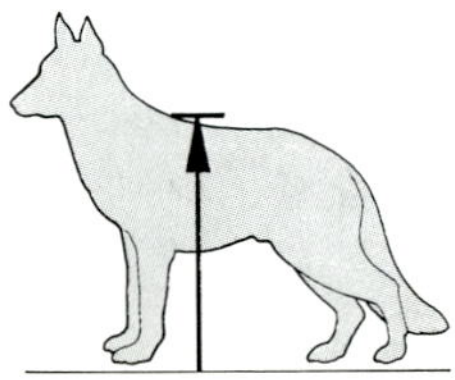

Sehr alte französische Rasse, vermutlich Mastiffs eingekreuzt. Zuverlässiger Schutzhund mit hoher Reizschwelle.
Größe: Schulterhöhe 60–68 cm. **Kopf:** Groß, massiv, mächtiger, quadratischer Fang mit Hautfalten. Unterkiefer mindestens 1 cm länger als Oberkiefer, Vorbeißer. Stop sehr stark. Behang klein. Ovale, große Augen. **Körper:** Sehr starker Hals, sehr tiefe, breite Brust, Rücken mittellang, breit. Lange Rute. **Haar:** Fein, kurz, weich. **Farbe:** Alle Gelbschattierungen bis hirschrot. Kleine weiße Abzeichen an Brust und Zehen erlaubt. Maske rot oder schwarz.

Pyrenäen-Hund

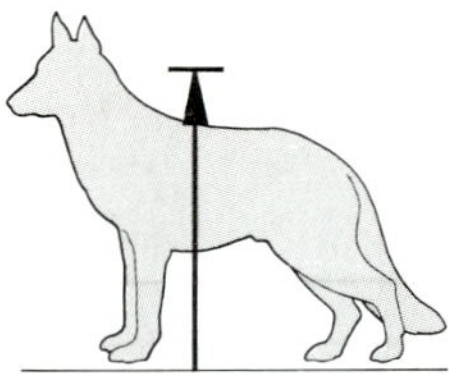

Wie der Name schon sagt, handelt es sich hier um einen in den Pyrenäen verbreiteten Hund, wo er auch heute noch die Herden bewacht und z.B. bei verschneiten Übergängen die Herde anführt. Er ist mit dem ungarischen Kuvasz direkt verwandt und gilt als sehr mutig und intelligent. Ein guter Wachhund, den man aber auch als Lawinenhund zu schätzen weiß.
Größe: Schulterhöhe 70–80 cm. **Kopf:** Nicht zu groß, Stop wenig betont, Fang groß, breit. Behang klein, dreieckig, am Ende abgerundet, flach anliegend. Auge klein, bernsteinfarben. **Körper:** Hals ziemlich stark mit nicht zu üppiger Wamme, breiter, tiefer Brustkorb, leichte Rippenwölbung. Kruppe etwas steil, Rute verhältnismäßig lang. **Haar:** Ziemlich lang und weich, am Hals länger, wo es leicht gewellt sein kann. Üppiger, feiner und wolliger an der Rute und auf dem hinteren Teil der Keulen. **Farbe:** Weiß mit manchmal hellgelben oder grauen Flecken am Kopf, an den Ohren und am Rutenansatz.

Bullmastiff

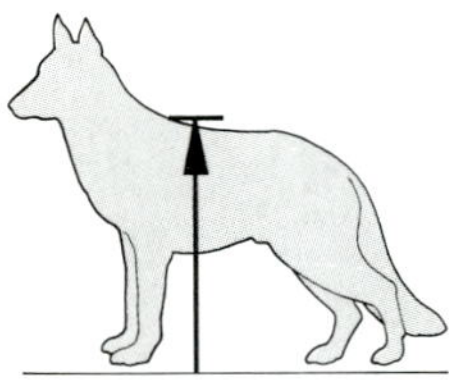

Während der Mastiff zu den ältesten englischen Hunderassen gehört und überhaupt eine der ältesten Rassen auf der ganzen Welt sein soll, handelt es sich beim Bullmastiff um eine ziemlich junge Rasse, die vor ca. 100 Jahren aus dem Mastiff und der alten Englischen Bulldogge gezüchtet wurde. Die Mastiffs waren ja früher große Kampfhunde, die sogar gegen Löwen meist siegreich geblieben sein sollen. Der Bullmastiff hat genausoviel Mut und Schneid und ist daher als Wachhund gefragt. Er wurde auch schon als Rettungshund ausgebildet und eingesetzt. Eine sehr robuste Rasse, wenig anfällig für Krankheiten.
Größe: Schulterhöhe 63–69 cm. **Kopf:** Groß, massiv; Schädel breit, vierkantig, Stop gut markiert; Vertiefung in der Stirnmitte. Fang breit, tief, kurz. Behang ziemlich klein, hängend, V-förmig; Auge dunkel. Scherengebiß oder ganz leichter Vorbiß. **Körper:** Lang; mittellanger, sehr muskulöser Hals; Brust breit, tief. Breiter, gerader Rücken; Rute lang, bis zum Sprunggelenk reichend. **Haar:** Kurz, hart. **Farbe:** Alle Gelbschattierungen bis hirschrot und in sich gestromt. Kleine weiße Abzeichen an Brust und Zehen sind erlaubt. Nasenschwamm, Ohren und Fang sollten immer schwarzrußig gefärbt sein.

Komondor

(Foto oben links)

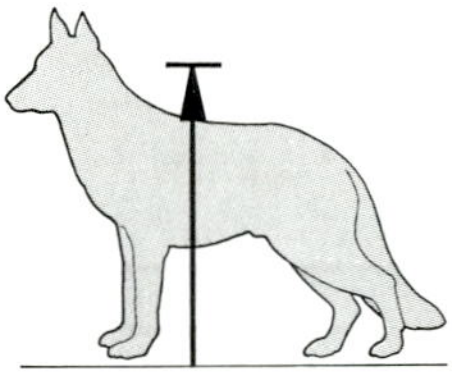

Jahrhundertelang hat dieser ungarische Hirtenhund die Schafe bewacht. Es gilt als erwiesen, daß es ihn – wie auch den Kuvasz und Puli – schon 3–4000 Jahre v. Chr. in Mesopotamien gab. Auf sumerischen Lehmtäfelchen sind diese drei Hunde in Keilschrift vermerkt. Der Name Komondor steht dort als KU'MUND-UR. Der Komondor wird als König der ungarischen Hirtenhunde bezeichnet. Er kämpfte am besten mit den Wölfen. Sein dichtes, zottiges Fell, das erst mit 3 oder 4 Jahren fertig ist, schützt ihn gut vor Bißverletzungen. Im Kampf gegen die Kojoten sind amerikanische Schafzüchter jetzt wieder auf den Komondor zurückgekommen, der sich dort bestens bewährt hat. Im allgemeinen ist er zu einem recht beliebten Wach- und Begleithund geworden. Seit 1841 wird er in Reinblut gezüchtet.
Größe: Schulterhöhe ca. 80 cm, mindestens 65 cm. **Kopf:** Breiter, gewölbter Schädel, deutlicher Stop. Fang breit, recht kurz. Ohr U-förmig, herabhängend. Auge dunkelbraun. **Körper:** Ziemlich quadratisch. Brust mäßig tief, tonnenförmig. Rute tief angesetzt, abfallend, am Ende etwas aufwärts gebogen. **Haar:** Deckhaar lang, verfilzt, zottig, enggewellte Schnüre, Unterwolle fein. **Farbe:** Weiß.

Puli

(Foto oben rechts)

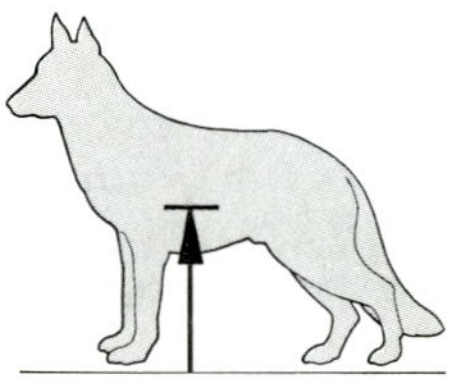

Kleinster ungarischer Hirtenhund, sehr klug, flink und anspruchslos, bewacht zuverlässig Rinder und Schafe. 1935 ist der Standard des Puli international anerkannt worden.
Größe: Schulterhöhe 40–44 cm. **Kopf:** Klein, Schädel rund, Fang kurz, Stop markant. V-förmige Hängeohren. Auge kaffeebraun. **Körper:** Brustkorb mittelbreit, tief, lang. Rücken mittellang, Lendenpartie kurz. Rute lang, über die Lenden geringelt. **Haar:** Grob, feine Unterwolle. Erwünschte Verfilzung durch das richtige Verhältnis beider Haarsorten. **Farbe:** Einfarbig rötlichschwarz, grau oder weiß.

Kuvasz

(Foto unten)

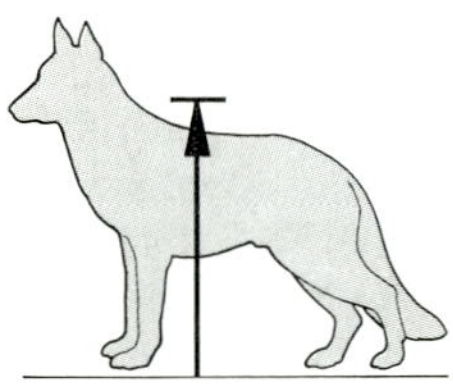

Dieser ungarische Hütehund, auch für die Jagd eingesetzt, drohte im zweiten Weltkrieg auszusterben. Nach 1956 erholte sich die Zucht, nicht zuletzt infolge von Blutauffrischung durch in Deutschland lebende Hunde.
Größe: Schulterhöhe 71–75 cm. **Kopf:** Schädel recht lang, mittelbreit, mäßiger Stop. Fang lang, verjüngt sich, ohne spitz zu werden. Ohrform wie abgestumpftes V, oben etwas abstehend, dann anliegend herabhängend. Auge dunkelbraun, mandelförmig. **Körper:** Brust tief, nicht zu breit; Rippen wenig gewölbt. Rücken mittellang, Kruppe etwas abfallend, breit, gut bemuskelt. Rute tief angesetzt, hängend getragen, Ende etwas umgebogen. **Haar:** 4–15 cm langes, hartes und gewelltes Deckhaar, feine Unterwolle. Kurzes Haar am Kopf und Vorderseite der Läufe. **Farbe:** Weiß.

Berner Sennenhund

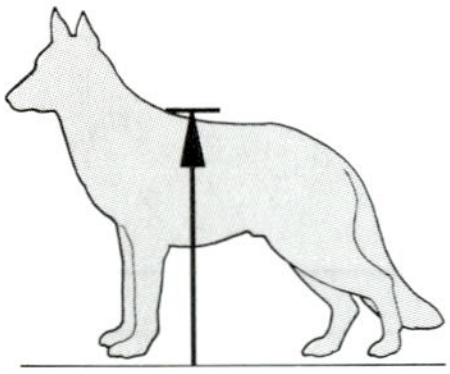

Die Aufgaben der Berner Sennenhunde sind von jeher sehr vielfältig gewesen. Sie wurden zum Treiben und Hüten sowie zum Suchen von verlorenem Vieh eingesetzt, wobei sie das eigene Vieh von fremdem zu unterscheiden vermochten, was vermutlich auf den Stallgeruch zurückzuführen ist. Sie wurden auch als Zugtiere gebraucht und zogen die Milchkarren oder die Karren der fahrenden Händler. Heute ist der Berner Sennenhund in den meisten Fällen ein reiner Familienhund, dem das Hüten und Treiben immer noch im Blut liegt. Bei entsprechender Ausbildung ist er aber auch gut für den Dienst als Blindenführer und Lawinenhund geeignet. In Amerika gilt er als Luxus- und Ausstellungshund. Ursprünglich nannte man ihn »Dürrbächler«, weil er im Dürrbachgebiet (Bergland südlich von Bern) besonders häufig anzutreffen war. 1908 erhielt er dann seinen jetzigen Namen.
Größe: Schulterhöhe 64–70 cm. **Kopf:** Kräftig mit flachem Scheitel und leichtem Stirnabsatz. Fang gerade, kräftig. Ohren mittelgroß, hoch angesetzt, dreieckig. Auge dunkelbraun, mandelförmig. **Körper:** Mehr gedrungen als lang; tiefe, breite Brust mit deutlicher Vorbrust. Rücken gerade, fest, Lenden kräftig, Kruppe sanft abgerundet, Rute buschig. **Haar:** Weich, schlicht, lang, wenig gewellt, aber nicht gekraust. **Farbe:** Tiefschwarz mit sattem, braunrotem Brand an den Backen, über den Augen und an den Läufen. Weiße, leichte bis mittelgroße, symmetrische Kopfzeichnung (Blesse) und Brustkreuz, weiße Pfoten und weiße Rutenspitze.

Großer Schweizer Sennenhund

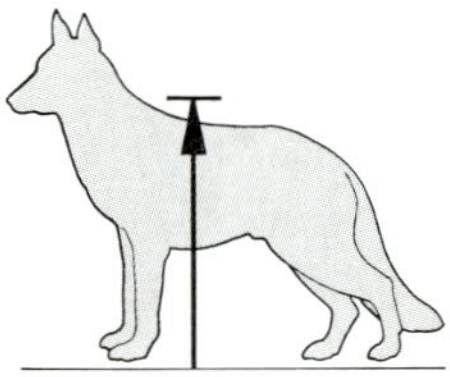

Der Große Schweizer Sennenhund gilt als der ruhigste Sennenhund und hat sich als Herdenführer bestens bewährt. Seinen Namen erhielt er von Prof. Dr. Heim, dem als Richter 1908 auf der Ausstellung in Langenthal ein Hund vorgestellt wurde, von dem man behauptete, er sei ein zufällig kurzhaarig geratener Berner Sennenhund, den er aber dagegen als einen Vertreter der fast ausgestorbenen Metzgerhunde identifizierte. Ein sehr guter Wach-, Verteidigungs- und Begleithund.
Größe: Schulterhöhe 65–72 cm. **Kopf:** Kräftig, jedoch nicht plump, Stop leicht betont, Fang kräftig, mittellang; Ohren mittelgroß, dreieckig, Auge mittelgroß, dunkel. **Körper:** Hals kräftig, mittellang, ohne Wamme; Brust tief, breit. Mäßig langer Rücken, gerade, kräftig, Kruppe gut abgerundet. Rute ziemlich schwer, hängend, am Ende gerade getragen. **Haar:** Kurz mit dichter Unterwolle. **Farbe:** Glänzend schwarz mit leuchtend braunrotem Brand an den Backen, über den Augen und an den Läufen. Weiße, leichte bis mittelstarke, symmetrische Kopfzeichnung (Blesse) und Brustkreuz, weiße Pfoten und Rutenspitze.

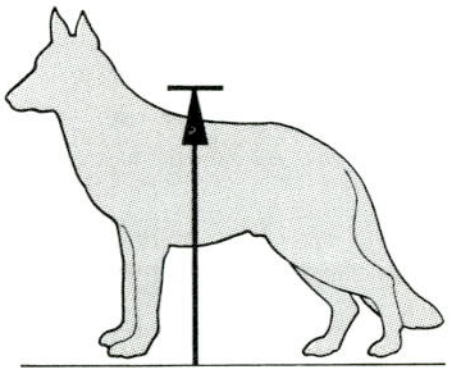

Bernhardiner

Der Bernhardiner oder St. Bernhardshund wurde bis 1865 Alpenhund, Kloster- oder Hospizhund, auch »heiliger Hund« genannt. Anfang des 19. Jahrhunderts trug er den Namen »Barryhund« nach dem in aller Welt berühmten Bernhardiner Barry, der zwölf Jahre lang den Mönchen vom Hospiz am Großen St. Bernhard ein treuer Helfer war und ungefähr 40 Menschen das Leben gerettet haben soll. Ihm wurde auf dem St. Bernhard ein Denkmal gesetzt. Die Bernhardiner wurden also von den Mönchen sehr erfolgreich als Begleit-, Such- und Rettungshunde verwendet.
Ob nun der Molosser oder die Tibetdogge zu seinen Urahnen gehören, hat bis heute nicht eindeutig geklärt werden können.
Ursprünglich war der Bernhardiner stockhaarig, und dieses Haar bot einen sehr guten Schutz gegen den Schnee. 1856 wurde vom Hospiz die Einkreuzung des Neufundländers vermerkt. Es entstand der langhaarige Bernhardiner, der wegen seiner imposanten Erscheinungsform noch weit mehr Liebhaber fand. Die Mönche vom Hospiz haben jedoch sehr bald erkannt, daß die langhaarigen Hunde sich nicht für den Bergdienst eigneten und verschenkten oder verkauften sie an hochgestellte Persönlichkeiten.
Größe: Schulterhöhe mindestens 70 cm. **Kopf:** Sehr kräftig, Oberkopf stark, breit, etwas gewölbt. Hinterhauptbein mäßig entwickelt, markanter Stop; kurzer Fang, der tiefer als lang sein muß. Scherengebiß, Zangengebiß und leichter Vorbiß, wenn sich Schneidezähne noch berühren. Behang mittelgroß, ziemlich hoch angesetzt mit kräftig entwickelter Muschel. Auge mehr nach vorn gerichtet, mittelgroß, dunkelbraun. **Körper:** Sehr kräftiger Hals, deutliche Furche am Übergang vom Kopf zum Nacken. Zu starke Kehl- und Halswamme nicht erwünscht. Brustkorb sehr gut gewölbt, mäßig tief. Rücken sehr breit, bis zur Lende gerade, zur Kruppe sanft abfallend. Rute lang, sehr schwer. **Haar:** Kurzhaariger Bernhardiner: Sehr dicht, stockhaarig, glatt anliegend, derb, jedoch nicht rauh. **Farbe:** Weiß mit rot oder rot mit weiß (rot in den verschiedensten Nuancen), gestromte Platten mit weißen Abzeichen. Die Farben Rot und Braungelb sind völlig gleichwertig. Erforderliche Abzeichen sind: Weiße Brust, Läufe und Rutenspitze, Nasenband, Stirnband und Genickfleck; Halskrause ist erwünscht, jedoch nie einfarbig oder ohne weiß. Maske und dunkle Behänge erwünscht.
Langhaariger Bernhardiner: Wie kurzhaariger mit Ausnahme des Haares, das mittellang, schlicht bis leicht gewellt ist, jedoch nie gerollt, gekräuselt oder langzottig sein darf. Rute buschig stark.

Neufundländer

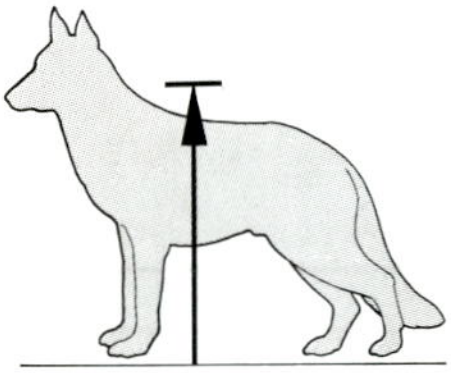

Die Insel Neufundland ist die Heimat dieser Rasse, über deren Ursprung es unterschiedliche Auffassungen gibt. Da es im Winter auf Neufundland sehr viel schneit, setzte man sie gern als Schlittenhunde ein. Ihr eigentliches Element aber ist das Wasser. Dieser leidenschaftliche Schwimmer und Taucher war den Fischern auf Neufundland stets ein treuer Helfer beim Auslegen und Einholen der Netze; er apportierte Fische, zog die Fischerboote mit an Land und hat sich auch bei der Entenjagd bestens bewährt. Englische Fischer waren von diesen Hunden begeistert und nahmen sie in ihre Heimat mit. Diese große Wasserleidenschaft der Tiere ist über die Generationen erhalten geblieben, und so wird der Neufundländer heute in weiträumigen Badeanstalten und an Badestränden mit großem Erfolg als Rettungshund eingesetzt, durch den sehr viele Menschen schon vor dem Ertrinken bewahrt blieben.
Größe: Schulterhöhe 68–75 cm. **Kopf:** Breit, massig; Hinterhauptbein gut entwickelt, Stop deutlich. Kurzer, fast quadratischer Fang. Behang klein, dicht anliegend, hoch am Oberkopf angesetzt. Auge tiefliegend, dunkelbraun, mandelförmig. **Körper:** Mittellanger, muskulöser Hals; Brust tief, breit, kräftige Rippenwölbung. Rücken gerade, breit mit starker Lendenpartie. Rute mittellang, sehr dicht und buschig behaart. **Haar:** Lang, schlicht und dicht, hart und etwas fettig mit dichter Unterwolle. **Farbe:** Schwarz oder schwarz mit rostbraunem Anflug, selten ganz braun. Kleine, symmetrische, weiße Abzeichen an Brust, Zehen und Rutenspitze erlaubt.

Landseer

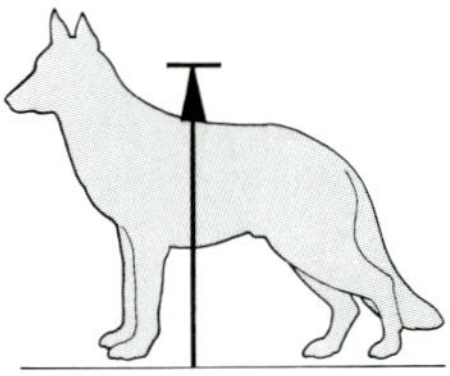

Beim Landseer handelt es sich um einen schwarz-weißen Neufundländer, der seinen Namen dem Maler Sir Edwin Landseer verdankt. Dieser machte 1837 mit seinem Gemälde »Ein verdienstvolles Mitglied der Lebensrettungsgesellschaft« einen schwarz-weißen Neufundländer berühmt, der sich im Rettungsdienst ganz besonders ausgezeichnet hatte. Das Bild löste damals in England einen regelrechten Landseerboom aus. 1960 wurde der Landseer als eigene Rasse offiziell anerkannt.
Größe: Schulterhöhe 72–80 cm. **Kopf:** Breit, massig. Hinterhauptbein gut entwickelt, deutlicher Stop. Fanglänge = Fangtiefe vor dem Stirnabsatz. Behang mittelgroß, dreieckig, unten etwas gerundet, hoch angesetzt, dicht anliegend. Auge mittelgroß, braun bis dunkelbraun. **Körper:** Muskulöser Hals, im Querschnitt leicht eiförmig. Brust tief, breit. Rücken gerade, breit, kräftig. Kruppe nach hinten schön abgerundet. Rute stark, dicht und buschig behaart, bis etwas unter die Sprunggelenke reichend. **Haar:** Lang, schlicht, dicht, mit Unterwolle durchsetzt. Leicht gewelltes Haar auf Rücken und an Keulen gestattet. **Farbe:** Grundfarbe klares Weiß mit zerrissenen schwarzen Platten auf Rumpf- und Kruppenpartie. Hals, Vorbrust, Bauch, Läufe und Rute müssen weiß sein. Kopf schwarz. Weiße Schnauzenpartie mit weißer, nicht zu breiter, symmetrischer Blesse gilt als Zuchtfestigung.

Rottweiler

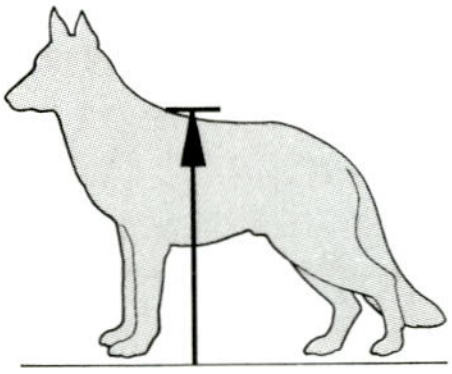

Dieser sehr robuste Hund ist nach dem schwäbischen Städtchen Rottweil benannt. Im 18.Jahrhundert hatte er die Aufgabe, Viehherden von der Schweiz auf den großen Markt von Rottweil zu treiben. Auch als dann später solche Treibhunde nicht mehr gebraucht wurden, züchtete man diese Rasse in Rottweil weiter und setzte sie als Ziehhunde ein. So spannten die Metzger sie z.B. damals vor ihre Karren. Daher wird der Rottweiler auch jetzt noch vielerorts Metzgerhund genannt. Heute ist er ein geschätzter Schutz- und Wachhund. Er wird auch als Diensthund bei der Polizei, beim Zoll und bei der Armee geführt.
Größe: Schulterhöhe 60–68 cm. **Kopf:** Mittellanger, breiter Schädel, Stop gut markiert, breiter, kräftiger Fang. Ohren hoch angesetzt, hängend getragen, klein, dreieckig. Mittelgroßes, dunkles Auge. **Körper:** Kräftiger Hals ohne Kehlhaut, tiefe, breite Brust, gute Rippenwölbung. Gerader, verhältnismäßig kurzer Rücken, Rute hoch angesetzt, kupiert. **Haar:** Stockhaar, mittellang, dicht und derb, gut anliegend. **Farbe:** Schwarz mit mahagoni- bis hellbraunen Abzeichen.

Hovawart

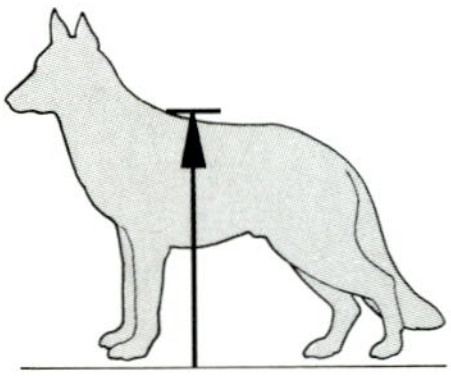

Beim Hovawart handelt es sich um eine sehr alte deutsche Rasse. Sie wird bereits in mittelalterlichen Handschriften erwähnt. Das Wort »Hovawart« ist vom mittelhochdeutschen »hovewart« oder »hofwart« abgeleitet – ein Bauernhund also, der die Habe (hova) und den Hof bewachte. Dem Experten K.F.König sen. ist es zu verdanken, daß der Hovawart in unserer Zeit praktisch zu neuem Leben erweckt wurde, denn er begann Anfang dieses Jahrhunderts den »neuen« Hovawart mit Bauernhunden aus dem Harz und dem Schwarzwald zu züchten, die dem ursprünglichen Typ entsprachen. 1936 wurde die Rasse offiziell anerkannt. Ein sehr widerstandsfähiger, kräftiger, jedoch nicht plumper Wach- und Schutzhund.
Größe: Schulterhöhe 63–70 cm. **Kopf:** Breiter Schädel, flacher Stop, kräftiger, nicht spitzer Fang; Scherengebiß, jedoch Zangengebiß zulässig. Dreieckiges Hängeohr, Auge dunkel, mandelförmig. **Körper:** Hals mittellang, kräftig ohne Kehlhaut oder Wamme. Brust breit, tief, kräftig; Rücken fest, gerade; Kruppe leicht abfallend. Rute lang und gut behaart. **Haar:** Lang, leicht gewellt. **Farbe:** Schwarz, schwarz-blond, dunkelblond. Kleiner, weißer Brustfleck sowie einzelne weiße Haare an der Rutenspitze zulässig.

Samojede

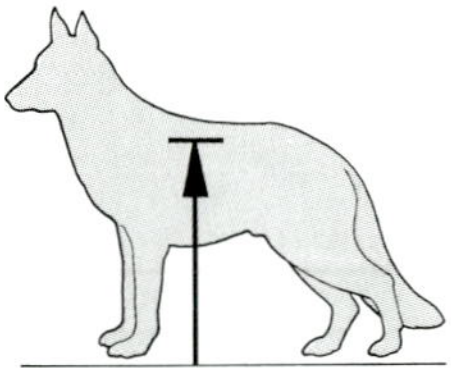

Der Samojede – eine typische Rasse Sibiriens – gehört zu den ältesten Rassen, die wir kennen. Nach den Volksstämmen der Samojeden benannt, wird dieser mit dem Menschen schon über Jahrtausende eng verbundene, sehr wachsame Hund zum Hüten von Renntierherden sowie als Lastenträger, Schlitten- und Jagdhund eingesetzt. Im 18.Jahrhundert nach England importiert und seitdem als besonders schöner Hund auf Ausstellungen vertreten.
Größe: Schulterhöhe 53,5–60 cm. **Kopf:** Keilförmig, Schädel breit, Fang mittellang, geringer Stop. Nicht zu lange, stehende Ohren, an der Spitze leicht abgerundet; Auge dunkel. **Körper:** Hals mittellang, kräftig, Brust tief und breit, gute Rippenwölbung. Rücken mittellang, gerade, breit. Rute lang, auf dem Rücken getragen. **Haar:** Lang, gerade, hart und vom Körper abstehend mit reichlich Unterwolle, die kurz und weich ist. **Farbe:** Reines Weiß, weiß und bisquitfarben, ein- oder mehrfarbig, wobei das Weiß oder die Flekken auf dem Weiß klar sein müssen.

Welsh Corgi

(Foto unten: Cardigan)

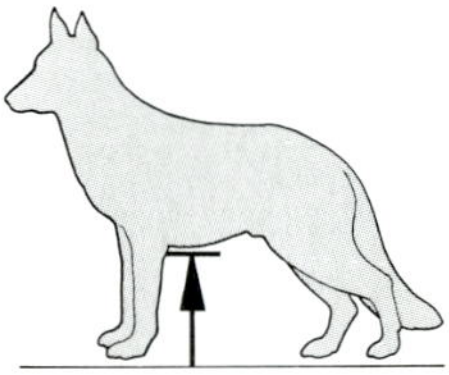

Die Kelten haben sich diesen kleinen, intelligenten Hund herangezüchtet, der auch heute noch in seiner Heimat, Wales, das Bewachen und Treiben von Rinder- und Welsh-Pony-Herden meisterhaft versteht. Man unterscheidet zwei Rassen, den Cardiganshire Corgi (Cardigan), s.Abb., und den Pembrokeshire Corgi (Pembroke). Beide ähneln sich äußerlich, sind aber verschiedenen Ursprungs. Der Cardigan soll mit dem Dachshund verwandt sein, der Pembroke mit dem Spitz. Beim Pembroke ist die Rute kupiert. Obwohl schon im 12.Jahrhundert urkundlich erwähnt, sind die Welsh Corgis erst um 1920 über die Grenze von Wales hinaus bekannt geworden. Der Pembroke ist der Liebling der englischen Königin.
Cardigan **Größe:** Schulterhöhe 30 cm. **Kopf:** Schädel flach und breit zwischen den Ohren. Auge mittelgroß, zur Fellfarbe passend. Glasauge bei Blue-merles erlaubt. Ohr groß, nicht so spitz wie beim Pembroke, leicht nach vorn gebogen. **Körper:** Hals muskulös und stark, tiefe Brust, Rücken lang und kräftig. Vorderläufe leicht gebogen wie beim Dackel. Rute mäßig lang, der des Fuchses ähnelnd. **Haar:** Ziemlich kurz, dicht. **Farbe:** Alle Farben wie beim Pembroke, zusätzlich auch gestromt oder blue-merle und brindle. Reinweiß nicht erlaubt.
Pembroke **Größe:** Schulterhöhe ca. 25–30 cm. **Kopf:** Fuchsähnlich, ziemlich breiter Schädel, flach zwischen den Ohren, leichter Stop. Fang spitz; Ohren aufgerichtet, mittelgroß, leicht zugespitzt. Auge rund, mittelgroß, haselnußfarbig, mit der Haarfarbe in Einklang stehend. **Körper:** Brust breit und tief, Rücken gerade, mittellang. Vorderläufe so gerade wie möglich, Stummelrute. **Haar:** Mittellang, dicht, nicht drahtig. **Farbe:** Rot, zobel, schwarz und braun oder mit weißen Flecken an Läufen, Brustkorb und Nakken. Etwas Weiß am Kopf und im Gesicht möglich.

Bullterrier

(Fotos oben)

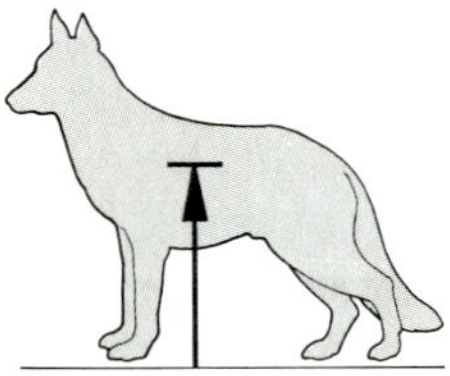

Dieser Gladiator unter den Terriern wurde in England als Kampfhund gezüchtet und entstand aus der Kreuzung von Bulldogge mit Terrier, und zwar dem schneidigen White-English-Terrier. Zur Verbesserung des anatomischen Aufbaus soll Blut vom Dalmatiner und möglicherweise noch von ein oder zwei weiteren Arten eingekreuzt worden sein. Die Merkmale der Bulldogge und des Terriers herrschen jedoch eindeutig vor. Seit 1820 ist die Rasse nachgewiesen und seit etwa 1860 wird sie planmäßig gezüchtet. Früher wurden die Bullterrier im Kampf gegen Bären, Bullen und Dachs eingesetzt. Im 19.Jahrhundert züchtete man sie in England gezielt für den Hundekampf. Der Sieger der Kämpfe diente der Weiterzucht.
Der äußerst mutige, tapfere, aber auch sehr intelligente und wendige Hund ist seinem Herrn bedingungslos ergeben und ein absoluter Schutz für ihn. Der etwas eigenwillige Charakter verlangt nach liebevoller, konsequenter Führung, wobei auf großen Gehorsam Wert gelegt werden muß, denn dieser ruhige, äußerst wachsame Hund kommt, sobald er angegriffen wird – ganz gleich, ob von Mensch oder Tier – sehr schnell in eine sogenannte Rotphase, in der er zum schonungslosen Kampf übergeht, was für den Gegner äußerst gefährlich ist. Nach dem Kampf aber wird er blitzschnell wieder der ruhigste, friedfertigste Hund.
Größe: Schulterhöhe 40–55 cm. **Kopf:** Lang, kräftig, tief ohne Stop; Ramsnase, Ohr senkrechtstehend, klein, fein; Auge klein, mandelförmig, dunkel. **Körper:** Muskulöser Hals ohne Kehlhaut oder Wamme; Brust tief, breit, starke Rippenwölbung. Rücken kurz, kräftig; hochangesetzte, ziemlich kurze Rute. **Haar:** Kurz, glänzend, hart. **Farbe:** Weiß mit oder ohne Abzeichen auf dem Kopf, aber auch farbig (Abb. oben links), besonders gestromt (Abb. oben rechts).

Manchester-Terrier

(Foto unten)

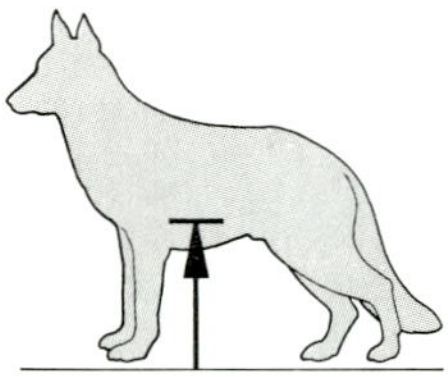

Er ist ein direkter Nachkomme des »Old English Black and Tan Terriers«, der auch »Rat-Terrier« genannt wurde. Man setzte ihn für Kämpfe ein, bei denen Ratten getötet wurden. Die wettfreudigen Engländer schlossen dabei dann gern Wetten ab. Der Manchester-Terrier gehört zu den pflegeleichtesten Rassen und gilt als selbstbewußter, wachsamer Begleithund und sehr guter Raubzeugvernichter.
Größe: Schulterhöhe ca. 40 cm. **Kopf:** Schmal, lang; flacher Schädel. Knopfohr klein, V-förmig, oberhalb der oberen Schädellinie getragen. Auge klein, dunkel, oval. **Körper:** Kurz, Brust tief, schmal; Rute nicht zu lang, am Ansatz stark, in einer Spitze endend. **Haar:** Kurz, glatt, dicht, glänzend. **Farbe:** Schwarz mit dunkel-mahagoniroten Abzeichen.

Yorkshire-Terrier

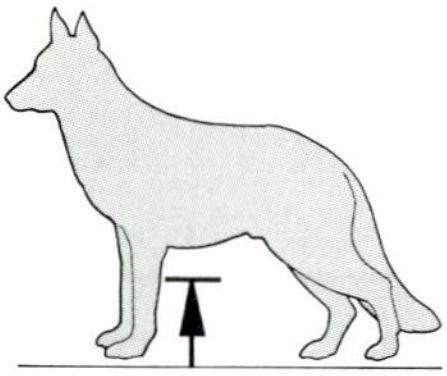

Er ist der kleinste unter den Terriern und zugleich einer der attraktivsten Zwerghunde. Sein Name verrät seine Heimat, denn er stammt – wie der Airedale-Terrier – aus der englischen Grafschaft Yorkshire. Man nimmt an, daß zu seinen Vorfahren die Paisley- und Clydesdale-Terrier, die Black-and-Tan-Terrier sowie die Waterside-Terrier aus Yorkshire gehören. Ob auch die italienischen Malteser eingekreuzt wurden, ist fraglich. Dieser Terrier soll anfänglich von Bergarbeitern gezüchtet worden sein. Sie wollten sich damit einen kleinen Hund für die Höhlenjagd schaffen, was sie wohl zunächst auch erreicht haben. Aber diese Qualität des Hundes ist dann doch mit der Zeit immer mehr verlorengegangen. Zu Beginn der Zucht waren diese Hunde noch wesentlich größer, und nur allmählich ist man zu der jetzt einheitlichen Größe gelangt. Erst nach dem zweiten Weltkrieg hat sich der bis dahin recht seltene Luxus- und Begleithund die Welt erobert.
Größe: Schulterhöhe ca. 22–24 cm. **Kopf:** Klein, Schädel flach, Fang kurz, sichtbarer Stop. Kleine, V-förmige, stehende Ohren, Auge dunkel. **Körper:** Kurz, gerader Rücken. Rute um die Hälfte kupiert. **Haar:** Lang, gerade, seidig, metallisch glänzend, ohne Unterwolle. **Farbe:** Stahlblau und abschattierte goldene Lohfarbe (Tan).

Silky-Terrier

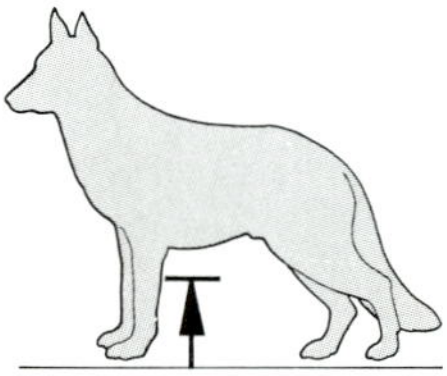

Diese Rasse entstand in Australien in der Gegend von Sydney, und so hießen denn diese Hunde anfänglich auch »Sidney-Silky« und später »Australian-Silky«. Ihre Züchter hatten ursprünglich gar nicht die Absicht, eine neue Rasse zu schaffen. Sie wollten lediglich die Farbe ihres Australian-Terriers verbessern und kreuzten zu diesem Zweck ab und an Yorkshire-Terrier ein. Dabei hatten einige Welpen dann zu weiches Haar, so daß man sie für die Zucht des rauhhaarigen Australian-Terriers nicht gebrauchen konnte. Und schon war die neue Rasse geboren, ein munterer, furchtloser und wachsamer, kleiner Begleithund, der die angeborenen Eigenschaften eines Nagetierjägers besitzt. 1962 wurde sein Standard erstmals festgelegt.
Größe: Schulterhöhe ca. 23–25 cm. **Kopf:** Keilförmig; der nicht zu breite Schädel etwas länger als der Fang. V-förmige, kleine, stehende Ohren ohne lange Haare. Auge recht dunkel. **Körper:** Lang, ziemlich tiefe, mittelbreite Brust, gerader Rücken; Rute kupiert. **Haar:** 12–15 cm lang (am Kopf kürzer, am Lauf unten und an den Pfoten kurz), seidig, glänzend. **Farbe:** Dunkelblau-silber mit Lohfarbe.

Scottish-Terrier

(Foto oben links)

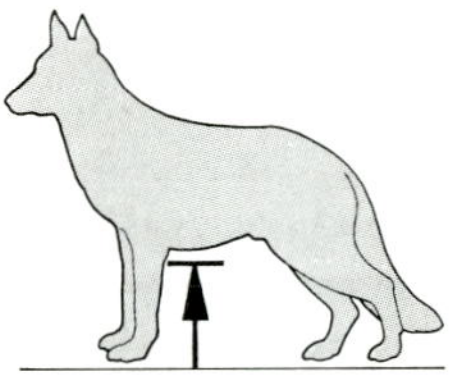

Bis 1887 war dieser besonders für die Höhlenjagd geeignete Terrier unter dem Namen »Aberdeen-Terrier« bekannt. In Deutschland gilt er als Begleithund und einer der angenehmsten Haushunde.
Größe: Schulterhöhe ca. 26–28 cm. **Kopf:** Lang, Schädel beinahe flach mit geringem Stop. Spitze, feine Stehohren; Auge dunkel, tiefliegend, mandelförmig. **Körper:** Mittellanger, muskulöser Hals, ziemlich breite, tiefe Brust, gute Rippenwölbung. Rücken ziemlich kurz, gerade, sehr kräftig; mittellange Rute. **Haar:** Dichtes, hartes und glattes Deckhaar mit weicher, kurzer, pelzartiger Unterwolle. **Farbe:** Schwarz, weizenfarben oder gestromt.

Cairn-Terrier

(Foto oben rechts)

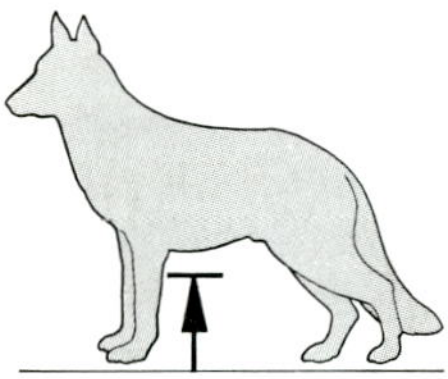

Wahrscheinlich die älteste schottische Rasse, bereits im Mittelalter bekannt und geschätzt und in den steinigen, felsigen Highlands im Nordwesten der Britischen Inseln als Fuchs-, Dachs- und Otterjäger eingesetzt. So kam dieser Terrier auch zu seinem Namen, denn »cairn« ist das alte gälische Wort für Steinhaufen oder Hühnengrab. Diese Rasse ist besonders auch in den USA und in Kanada sehr beliebt und häufig anzutreffen.
Größe: Schulterhöhe ca. 26 cm. **Kopf:** Ziemlich breit, Fang kräftig, Stop betont. Kleine, spitze Stehohren. Auge dunkel, tiefliegend, mandelförmig. **Körper:** Kräftig, Brust tief, Rücken gerade, mittellang. Rute kurz, gut behaart, jedoch nicht fedrig. **Haar:** Reichliches, hartes Deckhaar mit kurzer, dichter, weicher Unterwolle. **Farbe:** Schwarzgrau oder grau in allen Schattierungen, rot und weizenfarben bis zu heller Sandfarbe. Reines Schwarz oder Weiß nicht zulässig.

Skye-Terrier

(Foto unten)

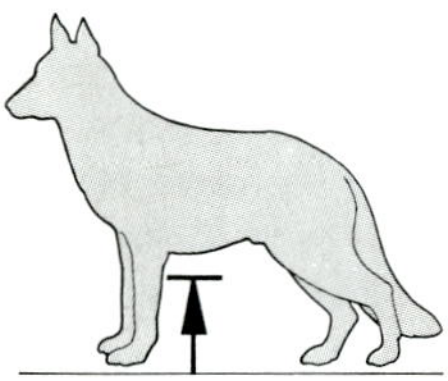

Bereits um 1600 kannte man diesen Terrier, der nach der westöstlich von Schottland liegenden Insel Skye benannt wurde, auf der man ihn besonders für die Fuchsjagd brauchte. Sein langes Haarkleid erhielt er erst im vergangenen Jahrhundert, als er zum eleganten Begleit- und Luxushund wurde.
Größe: Schulterhöhe ca. 27 cm. **Kopf:** Lang mit kräftigem Kiefer. Steh- wie auch Knopfohren zugelassen. Auge dunkelbraun oder haselnußfarben. **Körper:** Lang, Brust tief, kurze Läufe, Rücken flach, Rute lang. **Haar:** Nicht seidig, ca. 15 cm langes, hartes Deckhaar mit dichter, kurzer, weicher Unterwolle. **Farbe:** Praktisch jede Farbe zulässig; Ohren und Nasenspiegel müssen schwarz sein.

Airedale-Terrier

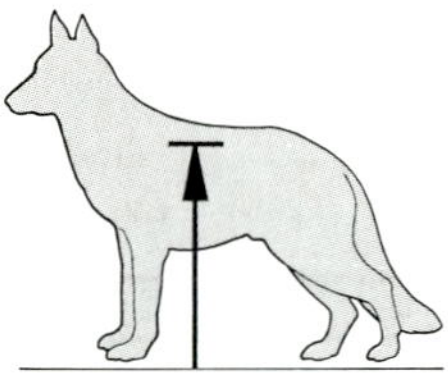

Um 1850 wurde mit der Zucht dieser Rasse in Leeds, einer Stadt in Mittelengland am Ufer des Aire-Flusses, begonnen. Der Airedale – auch König der Terrier genannt – ist wahrscheinlich durch Kreuzung regional beheimateter Terrier mit den größeren Otterhounds entstanden. Zunächst wurde er für die Wasserjagd, später auch für andere Jagdarten verwendet. Für die Wasserjagd ist der Airedale so besonders gut geeignet, weil er zum einen unbedingt zu den wasserfreudigsten Rassen gezählt werden kann, sein hartes, drahtiges Haar mit der etwas öligen Unterwolle ihn zum anderen sehr gut schützt, so daß er gegen kaltes Wasser und sogar Eis recht unempfindlich ist. Auch in sumpfigem Gebiet leistet dieser kräftige, widerstandsfähige Hund ausgezeichnete Arbeit. Da es dem Airedale zudem an Mut nicht fehlt, setzt man ihn in einigen Ländern auch für die Jagd auf Wildschwein und Bären ein. In Kriegen leistete er hervorragende Dienste als Melde- und Sanitätshund. Auch als Blinden- und Rettungshund hat er sich einen Namen gemacht. Seit ca. 100 Jahren gibt es ihn in Deutschland, jedoch nur selten als Jagdhund, sondern vielmehr als Begleithund, der aufgrund seiner Unerschrockenheit, Wachsamkeit und seines Mutes Schutzfunktion übernimmt. In einigen Fällen wird er vom Grenzschutz, von Zoll und Polizei als Helfer eingesetzt. Wie schnell der Airedale-Terrier in Deutschland großen Anklang fand, beweist die Tatsache, daß auf der Rassehundausstellung im Mai 1894 in München erst 8 Airedale-Terrier vorgestellt wurden, 1902 dann aber schon 150 Hunde in das gerade erschienene, erste Zuchtbuch eingetragen werden konnten. Die Beliebtheit dieser Rasse hält unvermindert weiter an.

Größe: Schulterhöhe ca. 58–60 cm. **Kopf:** Schädel lang, flach, kaum sichtbarer Stop. Knopfohr klein, V-förmig. Kleines, dunkles Auge. **Körper:** Tiefe, nicht zu breite Brust; kurzer, gerader Rücken. Rute hoch angesetzt, nicht zu kurz kupiert. **Haar:** Hart, drahtig und dicht mit weicherer Unterwolle. **Farbe:** Schwarz-lohfarben oder dunkelgrau-lohfarben.

Norwich-Terrier (Foto) und **Norfolk-Terrier**

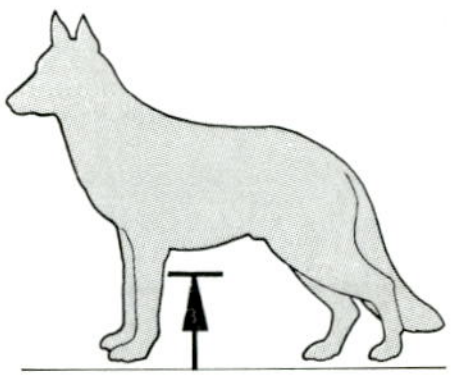

Die Haltung ihrer Ohren ist der einzige Unterschied, der zwischen dem Norfolk- und dem Norwich-Terrier besteht. Während der Norfolk-Terrier Kippohren hat, sind sie beim Norwich-Terrier – wie das nebenstehende Bild zeigt – aufgerichtet, also Stehohren. Die Trennung in Kippohr-Norfolk und Stehohr-Norwich ist erst in den 60-er Jahren erfolgt und seither dürfen sie auch nicht mehr miteinander gepaart werden. Man weiß es zwar nicht genau, nimmt jedoch an, daß diese lebhaften Terrier, die zu den kleinsten Terrier-Rassen zählen, Kreuzungsprodukte verschiedener Terrier der damaligen Zeit sind, und daß möglicherweise sogar auch besonders kleine Irish-Terrier eingekreuzt wurden. Sie hießen zunächst »Thrumpington-Terrier« und sind für die Kaninchen- und Fuchsjagd sowie zur Vertilgung der Ratten genommen worden. Bei den Reitern standen sie recht hoch im Kurs und wurden zeitweise auch nach einem Reiter Frank Jones, der sich der Rasse besonders angenommen hatte, »Jones-Terrier« genannt. Heute werden sie als kleine, wachsame Begleithunde gehalten, die aber recht viel Bewegung brauchen.
Größe: Schulterhöhe 25–26 cm. **Kopf:** Schädel breit und leicht gewölbt, Stop ausgeprägt, fuchsartiger, kräftiger Fang. Ohren: Norfolk = Kipp-, Norwich = Stehohren; Auge dunkel. **Körper:** Kompakt mit kräftigem Hals und gut gewölbten Rippen. Rute um die Hälfte kupiert. **Haar:** Hart, glatt und fest anliegend mit dichter, kurzer Unterwolle. **Farbe:** Rot, einschließlich weizenrot, schwarz geflammt oder grau.

Welsh-Terrier

Diese Rasse hat zwar große Ähnlichkeit mit dem Airedale-Terrier, ist aber viel älter. Vor mehreren Jahrhunderten war sie bereits im Herzogtum Wales bekannt und wurde für die Jagd auf Otter und Füchse verwendet. Sie soll mit dem schon lange ausgestorbenen »Old English Rough Coated Black and Tan Terrier« verwandt sein, erhielt ihr ansprechendes Äußeres jedoch wohl erst durch Einkreuzen des drahthaarigen Foxterriers. Heute kennt man den lebhaften, wachsamen Welsh-Terrier in vielen Ländern als Haus- und Ausstellungshund, der reichlich Auslauf braucht und mit liebevoller Konsequenz geführt werden will.
Größe: Schulterhöhe ca. 40 cm. **Kopf:** Schädel flach und verhältnismäßig schmal mit wenig Stop; Fang recht lang. Hochangesetzte, kleine Knopfohren, nicht zu dünn. Auge klein, dunkel. **Körper:** Mittelbreiter, gut gewölbter Brustkorb; Rücken kurz und gerade, Lenden kräftig. Gut angesetzte, nicht zu kurz kupierte Rute. **Haar:** Deckhaar dicht, hart, schlicht und anliegend, Unterwolle kurz und dicht. **Farbe:** Schwarz oder schwarzgrau mit Lohfarbe.

Irish-Terrier

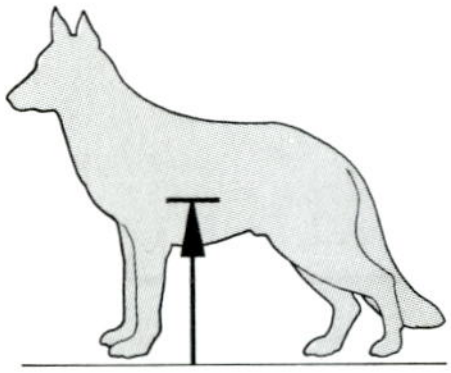

Der Irish Terrier gehört zu den Rauhhaar-Terriern mit doppeltem Fellkleid, das aus hartem, schlichtem Deckhaar und weicher, kurzer Unterwolle besteht. Er ist kleiner als der Airedale-Terrier und besitzt im Gegensatz zu diesem eine einheitlich hellrot bis weizenfarbene Jacke sowie die für ihn typische Halskrause, die an beiden Seiten des Halses bis zum Ohr verläuft. Sein im Unterschied zu anderen Terriern mehr flüchtiges als kompaktes Gebäude weist deutlich auf seine große Wendigkeit und Schnelligkeit hin. 1873 wurde er zum ersten Mal auf einer Ausstellung der Öffentlichkeit präsentiert. Der Irish-Terrier soll vom »madadh«, einem sehr alten Höhlenhund, abstammen, der vermutlich von Ägypten nach Irland gekommen ist, wo man ihn als Wachhund auf einsamen Höfen und zur Bekämpfung von Ottern und Ratten brauchte. 1879 wurde der Standard für diese Rasse erstmals festgelegt. Während man ihn in Irland und anderen europäischen Ländern zur Jagd verwendet, wird der Irish-Terrier in Deutschland als Begleit- und Luxushund gehalten. Man kennt ihn bei uns seit ca. 1890. Er gehörte mit zu den ersten Terrier-Rassen, die in das deutsche Zuchtbuch des Clubs für Terrier eingetragen wurden. Sein draufgängerisches Wesen läßt ihn ein wenig zum Raufen neigen. Nicht ganz zu Unrecht wird er von vielen deshalb auch als »Teufelskerl« bezeichnet, der – wenn nötig – bis zum letzten Atemzug kämpfen würde. Wenn man ihm jedoch genügend Auslauf verschafft und sein Temperament mit liebevoller Konsequenz zügelt, ist er ein wachsamer und sehr angenehmer Hausgenosse. Mit Sicherheit lebt er viel lieber auf dem Land als in der Stadt.

Größe: Schulterhöhe ca. 45 cm. **Kopf:** Langgestreckt mit flachem Schädel, kräftiger, mit dichtem Bart versehener Fang. Kleine V-förmige Kippohren, Auge klein und dunkel. **Körper:** Mittellang, Brust tief, nicht zu breit, ziemlich langer Hals, keine Wamme. Gerader, kräftiger Rücken. Hochangesetzte, kupierte Rute. **Haar:** Hart, drahtig, anliegend. **Farbe:** Rot, goldrot oder rotweizenfarben, die Kippohren im Ton etwas dunkler. Abzeichen sind – mit Ausnahme eines kleinen, weißen Brustfleckes – nicht erlaubt.

West-Highland-White-Terrier

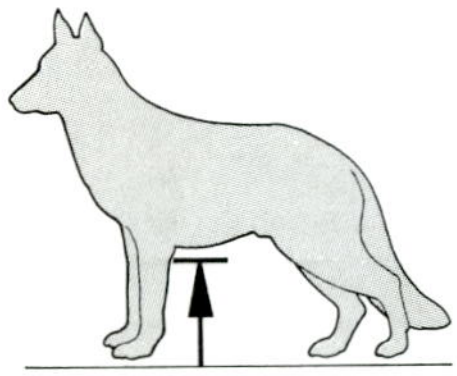

Eine sehr alte Rasse, die ihr Entstehen mit größter Wahrscheinlichkeit der Tatsache verdankt, daß weiße Cairn-Terrier unerwünscht waren, und man daher mit solchen Exemplaren eine eigene Zucht aufbaute. Dieser Terrier hat sich als mutiger, wachsamer, tüchtiger Jagdgebrauchshund in den Hochlanden Schottlands großes Ansehen erworben. Heute aber meistens Begleit- und Ausstellungshund, der auch in Deutschland ein großes Echo gefunden hat. Wer ihn zum Begleiter wählt, sollte stets daran denken, daß er es eigentlich mit einem Jagdhund zu tun hat, dem man zu seinem Wohlbefinden sehr viel Bewegungsmöglichkeit bieten muß.
Größe: Schulterhöhe ca. 28 cm. **Kopf:** Schädel leicht gewölbt, Stop ausgeprägt, Fang nicht zu lang; es darf keine spitze Schnauze entstehen. Kleines, spitzes Stehohr. Augen mittelgroß, dunkel, nicht engstehend. **Körper:** Kompakt; tiefe Brust, gerader Rücken, breite, kräftige Lenden. Rute 12,5–15 cm lang, soll nicht kupiert werden, gut behaart ohne Fransen, möglichst gerade getragen. **Haar:** Deckhaar hart, ca. 5 cm lang, Unterwolle kurz, weich und dicht. **Farbe:** Reinweiß.

Jack-Russel-Terrier

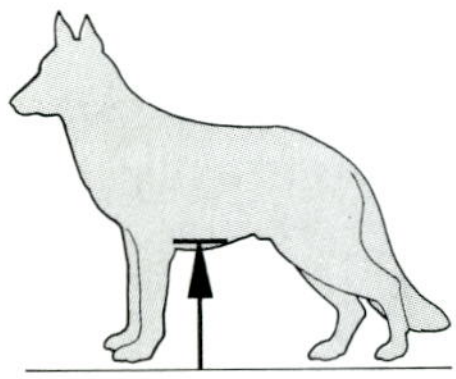

Der englische Pfarrer John (Jack) Russel widmete sich nicht nur mit Begeisterung der Reiterei und der Jagd, sondern auch der Terrierzucht. Er war ein geschätzter Richter auf Hundeschauen und 1873 Mitbegründer des „Kennel Club". Seine erste Terrier-Hündin, die er bereits während seines Studiums in Oxford erwarb, entsprach schon damals im wesentlichen dem heutigen Standard und wird deshalb als Stammutter der Rasse bezeichnet. Bei der Zucht hatte für ihn die Arbeitstauglichkeit der Hunde stets Vorrang, ein typisches Rassebild war nicht so wichtig. Diese „Working Terrier" (Arbeitsterrier) erhielten nach seinem Tod in den dreißiger Jahren seinen Namen und wurden 1990 vom englischen „Kennel Club" sowie vom FCI als Rasse anerkannt, die sich in Deutschland zunehmender Beliebtheit erfreut – überwiegend als Begleithund. In erster Linie ist der Jack-Russel-Terrier aber ein Jagdhund, der 1992 vom deutschen Jagdgebrauchshundverband als solcher anerkannt wurde und bereits von einigen Jägern geführt wird.
Größe: Schulterhöhe 35 cm (für eine nicht begrenzte Übergangszeit für Rüden und Hündinnen mindestens 26 cm). **Kopf:** Flach, mäßig breit, zu den Augen hin allmählich schmaler werdend. Flacher Stop, kräftiger Kiefer, Scherengebiß. Kleine, V-förmige Kippohren, die Falte nicht über dem höchsten Punkt des Schädels liegend. Augen mandelförmig, dunkel. **Körper:** Hals muskulös, zu den Schultern hin sich allmählich verstärkend; Brustkorb mäßig tief. Kräftige Hinterhand mit guter Winkelung; Pfoten kompakt mit widerstandsfähigen Ballen. Rute kräftig, gerade, hoch angesetzt, kupiert. **Haar:** Harsch, anliegend, dicht, weder lang noch kurz. **Farbe:** Vollständig weiß oder mit lohfarbigen, gelben oder schwarzen Abzeichen, vorzugsweise beschränkt auf Kopf und Rutenansatz.

Kontinentaler Zwergspaniel

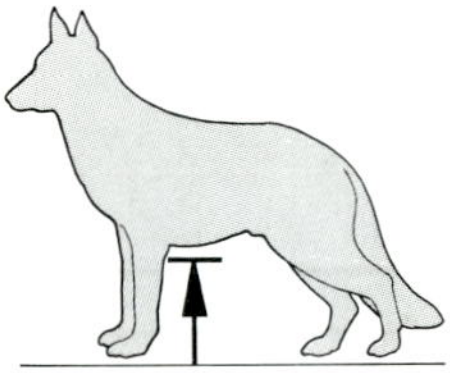

Der Zwergspaniel gehört zu den alten Hunderassen, denn auf italienischen Fresken des 13. und 14.Jahrhunderts finden sich bereits solche Hunde. Mit größter Wahrscheinlichkeit kann daher Italien als Ursprungsland gelten. Diese Hunde waren die Lieblinge von Königen; aber auch der Ritterstand sowie das sozial aufsteigende Bürgertum konnten sich den Luxus leisten, diese Salonhündchen zu besitzen. Auf den ältesten Bildern besteht kaum ein Unterschied zwischen dem Englischen und dem Kontinentalen Zwergspaniel, denn die Aufspaltung in die kleineren Kontinentalen Zwergspaniel mit spitzer Schnauze und die etwas größeren Englischen Toy-Spaniels mit runderem Kopf und kurzem Fang ist vermutlich erst im 18.Jahrhundert erfolgt. Mit dem Niedergang des Adels in der französischen Revolution waren auch diese Luxushündchen vom Aussterben bedroht. Belgischen und französischen Züchtern ist es zu verdanken, daß sie dennoch erhalten blieben. Deshalb ist dieser Hund heute auch offiziell als französisch-belgische Rasse anerkannt.
Beim Kontinentalen Zwergspaniel unterscheidet man zwischen dem Phalène (Abb. oben) und dem Papillon (Abb. unten). Der Phalène erinnert noch deutlich an einen Spaniel, wird auch als der ursprünglichere angesehen, ist jedoch vom Papillon weitgehend verdrängt worden und heute schon sehr selten. Der einzige äußere Unterschied zwischen Phalène und Papillon besteht in der Haltung der Ohren. Weil bei beiden die Ohren an Schmetterlinge erinnern, werden sie gern »Schmetterlingshündchen« genannt (»papillon« ist das französische Wort für Schmetterling; mit »phalène« wird der Nachtfalter bezeichnet, der seine Flügel in Ruhestellung hängend trägt).
Größe: Schulterhöhe maximal 28 cm. **Kopf:** Im Verhältnis zum Körper normal proportioniert. Der Schädel darf von der Front und vom Profil aus gesehen nicht zu rund sein und zeigt manchmal eine leichte Spur einer Mittelfurche. Fang kürzer als der Schädel, fein, spitz, seitlich nicht viel ausschweifend, nie aufgebogen. Stop ziemlich betont. Auge recht groß, weit geöffnet in sehr breiter Mandelform, nicht vorspringend, dunkel. Ohr verhältnismäßig weit hinten am Kopf angesetzt mit genügend Distanz zwischen beiden, so daß der leicht abgerundete Schädel sichtbar ist. Phalène: In der Ruhestellung sind die Ohren merklich höher angesetzt als die Linie der Augen, hängend getragen, mit gewelltem Haar besetzt, das manchmal sehr lang sein kann. Papillon: Ohren hoch angesetzt mit gut geöffneter Ohrmuschel, schräg auswärts gerichtet. Innere Ohrmuschel mit seidigem, gewelltem Haar, äußere Fläche der Ohrmuschel stark mit langen Haaren besetzt, die als Befransung über den Ohrrand hinaushängen. **Körper:** Hals mittellang, Brust breit, ziemlich tief, Rippen gut gewölbt. Rücken weder zu kurz noch gewölbt, aber auch nicht ganz flach. Lenden kräftig, leicht gebogen; Bauch etwas hochgezogen. Rute hoch angesetzt, eher lang, sehr befranst und einen schönen Federbusch bildend. **Haar:** Reichlich, ohne Unterwolle, gewellt, nicht zu weich mit seidigem Schimmer. **Farbe:** Weiß mit schwarzen oder rotbraunen Flecken oder tricolor (schwarz-rot-weiß).

Pudel

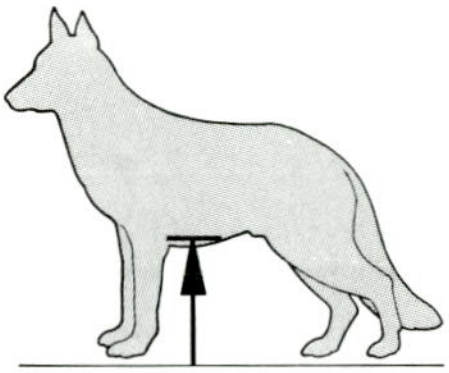

Zwergpudel

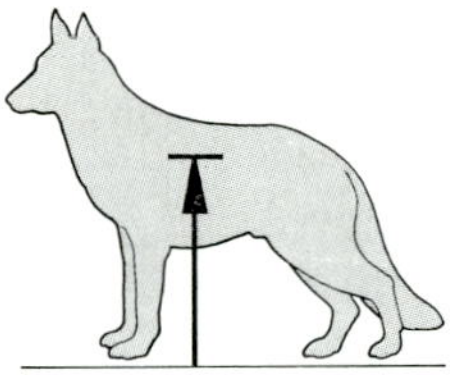

Großpudel

Der Pudel zählt zu den sehr alten Hunderassen und wurde mit größter Wahrscheinlichkeit früher einmal als Jagdhund zur Entenjagd eingesetzt. Ein temperamentvoller, treuer und wachsamer Hund, dessen große Wasserleidenschaft, die feine Nase und die Apportierfreude erhalten geblieben sind, der aber, obwohl er einmal ein Jagdhund war, nicht wildert. Mehrere Länder haben den Anspruch erhoben, als Heimat dieser Rasse zu gelten. Vom FCI (Fédération Cynologique Internationale) ist Frankreich offiziell als Ursprungsland anerkannt worden. Der Pudel gilt als eine der intelligentesten Hunderassen, der freudig lernt, sehr schnell begreift und auch einen starken Nachahmungstrieb besitzt. Aber nicht nur durch seine Klugheit, sondern auch durch seine Schönheit und Anmut hat er heute überall auf der Welt unzählige Freunde gefunden. Er ist ein Begleit- und Ausstellungshund, dessen Erscheinungsbild sich durch bestimmte Arten des Scherens variieren läßt. Entsprechend ihrer Größe unterteilt man diese Rasse in Groß-, Klein- und Zwergpudel.

Größe: Schulterhöhe Großpudel (Abb. unten): 45–58 cm, Kleinpudel 35–45 cm und Zwergpudel (Abb. oben): 28–35 cm. **Kopf:** Gestreckt mit langem, mäßig breitem Schädel, geringem Stop und kräftigem, nicht zu langem Fang. Ziemlich lange Behänge; Auge schwarz oder dunkelbraun, bei braunen Pudeln auch dunkel-bernsteinfarben. **Körper:** Wohlproportioniert, wobei die Körperlänge etwas größer ist als die Widerristhöhe. Mittellanger, kräftiger Hals ohne Kehlhaut. Ziemlich breite, tiefe Brust, breiter Rücken, kurz; Bauch aufgezogen, ohne windhundartig zu sein; Lenden fest und gut bemuskelt, Kruppe abgerundet, aber nicht abfallend. Rute um ein Drittel oder bis zur Hälfte kupiert. Beim Schnürenpudel kann die Rute in der ganzen Länge belassen werden. **Haar:** Wollpudel: Üppiges Haar, fein, wollig, gut gekräuselt, elastisch, dicht, gleichmäßig lang. Borstiges Haar ist jedoch unerwünscht. Schnürenpudel: Üppiges Haar, fein, wollig, dicht, charakteristische Schnüre bildend, die mindestens 20 cm lang sein sollen, je länger, desto besser. **Farbe:** Schwarz, weiß, braun, silber und apricot. Bei der Haut müssen die schwarzen, braunen, silbernen und apricotfarbenen Pudel eine Pigmentierung entsprechend ihrer Haarfarbe haben. Für die weißen Pudel ist die Silberhaut wünschenswert, allerdings darf die Pigmentierung die Farbe der Wolle nicht beeinträchtigen.

Chihuahua

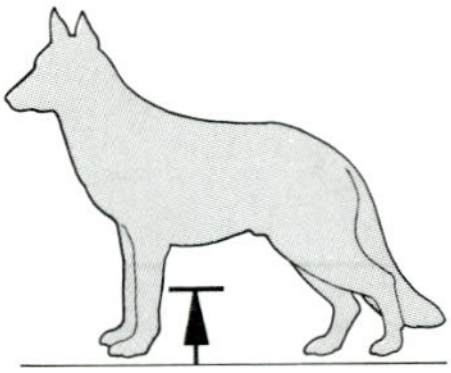

Eine sehr alte und berühmte amerikanische Rasse, deren auffälligstes Merkmal die großen, schräg nach oben stehenden Ohren sind. Trotz des Fliegengewichts ist dieser an allem interessierte Hund mit großer Jagdleidenschaft kräftig genug, um kleine Nagetiere jagen zu können. Er ist sehr mutig und wachsam und gegen Krankheiten gar nicht besonders anfällig. Deshalb erreicht er meistens auch ein hohes Alter. Die Vorfahren dieses Hundes waren bei den Indianern Mexikos sehr geschätzt und wurden nach ihrem Tod in Tempeln und Gräbern beigesetzt. Erst 1942 wurde der offizielle Standard für den Chihuahua, den es sowohl lang- wie kurzhaarig gibt, festgelegt.

Größe: Schulterhöhe 16–20 cm. Gewicht 0,9–3,5 kg. **Kopf:** Rund mit breitem Kugelschädel und tiefem Stop; Fang kurz und spitz, Scheren- oder Zangengebiß, aber regelmäßiger Vorbiß gestattet. Große, stehende Ohren, Auge groß, schwarz, braun, blau oder rubinrot; helle Farbe bei blonden Hunden erlaubt. **Körper:** Sehr kompakt, länger als hoch. Hals mittellang, Brust tief, Rippen gut gewölbt; Rute mittellang, über dem Rücken oder entlang der Flanke getragen. **Haar:** Kurzhaarig: Kurz, dicht, glänzend. Langhaarig: Lang, gewellt mit Befederung, am Kopf kurz, Ohren möglichst befranst; großer Haarkragen wünschenswert. **Farbe:** Alle Farben und Farbschattierungen sind erlaubt.

Malteser

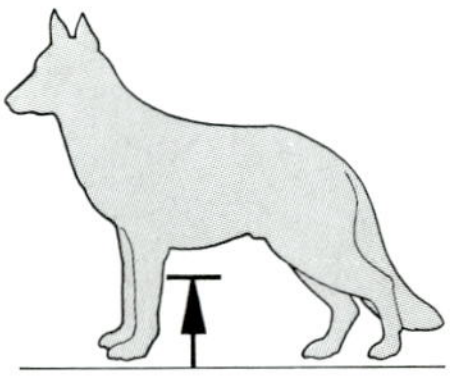

Der Malteser stammt aus dem Mittelmeerraum. Der Name dieser sehr alten Rasse soll auf einem Irrtum beruhen, denn sie wurde ursprünglich nicht nach der Insel Malta, die einmal Melita hieß, benannt, sondern nach der vor der dalmatinischen Küste liegenden Insel Melita. Dieser weiße Zwerghund, der trotz seiner geringen Größe nicht zu zart gebaut ist, wurde seit Jahrtausenden als ausgesprochener Schoßhund geliebt und war im Mittelalter ein regelrechter Modehund. Obwohl er auch heute auf Ausstellungen überall vertreten ist, kann man ihn aber wohl nicht mehr zu den weitverbreitetsten Rassen zählen.

Größe: Schulterhöhe 21–25 cm. **Kopf:** Flacher Schädel, recht kurzer Fang; Ohren fast dreieckig, flach hängend; Auge groß, dunkel. **Körper:** Hals lang ohne Kehlhaut, Brust tief, gut gewölbte Rippen, gerader Rücken. Rute über dem Rücken entlang geringelt. **Haar:** Durchschnittlich 22 cm lang, dicht, seidig, schimmernd. **Farbe:** Weiß.

Pekinese (Pekingese)

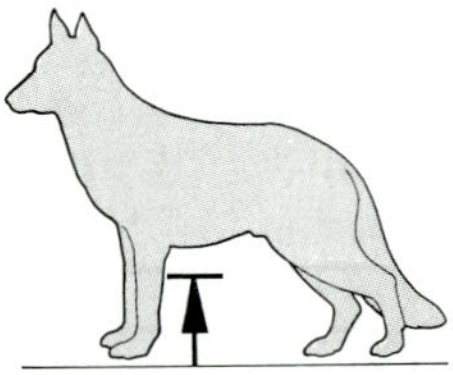

Der Pekinese, eine sehr alte chinesische Rasse, die vom Torfhund abstammen soll, wird auch Peking-Palasthund genannt, denn bis vor ca. 100 Jahren wurde er ausschließlich im kaiserlichen Palast in sehr großem Luxus gehalten. Auf Diebstahl von Pekinesen stand die Todesstrafe. Aber als 1860 die Mandschu-Dynastie gestürzt und der kaiserliche Palast in Peking durch die Taiping-Sekte geplündert wurde, gelang es dem englischen Admiral John Hay und General Dunne 5 im Palast zurückgebliebene Pekinesen mit nach England zu nehmen, wo dann eine Zucht aufgebaut wurde. 1894 ist der Peking-Palasthund auf der Ausstellung in Chester zum ersten Male gezeigt worden. 1898 registrierte der Kennel-Club ihn in England als Rasse, die sich bis heute dort großer Beliebtheit erfreut. In Deutschland hat man ungefähr um die Jahrhundertwende mit der Zucht des Pekinesen begonnen.

Größe: Schulterhöhe 15–25 cm. Gewicht 1,5–6 kg. **Kopf:** Breiter Schädel, Fang breit, sehr kurz; ausgeprägter, tiefer Stop. Ohr herzförmig, hängend, sehr lang und reichlich befranst; Auge groß, dunkel. **Körper:** Kurz; breite Brust, gut gewölbte Rippen, gerader Rücken. Hochangesetzte Rute mit reichlicher Fahne, über dem Rücken getragen. **Haar:** Lang, gerade, mit reichlicher Mähne und dichter Unterwolle. **Farbe:** Alle Farben und Zeichnungen gestattet mit Ausnahme von Albino- und Leberfarbe.

Chow-Chow

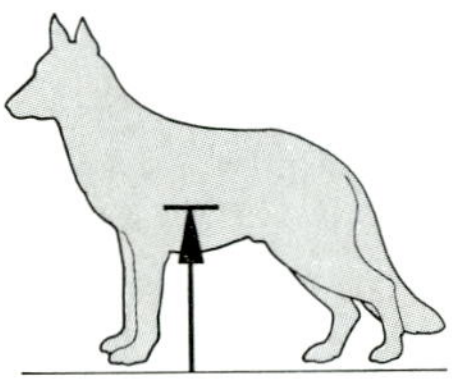

Seine Heimat ist China, wo er zu einer der ältesten Rassen gehört und heute noch der am meisten verbreitete Hund ist, der aber leider dort oft gar kein schönes Leben hat. Chow-Chow soll übersetzt so viel wie »eßbar« oder »gute Nahrung« bedeuten, und so wird er heute in den Provinzen Quantung und Quangsu tatsächlich noch wegen seines Fleisches, in der nördlichen Mandschurei sowie in der Mongolei wegen seines Pelzes gezüchtet. Im allgemeinen ist er in China Last- und Ziehhund. In Deutschland wurde diese Rasse, die von der Tibetdogge abstammen soll, in den 20-er Jahren bekannt. Ein sehr wachsamer, seinem Herrn treu ergebener Hund, der sich Fremden gegenüber reserviert verhält und dessen typisches Merkmal die heidelbeerfarbene Zunge ist. Der Chow-Chow fühlt sich in kühleren Regionen am wohlsten. Er kann dank seiner reichen Unterwolle hohe Kältegrade vertragen.

Größe: Schulterhöhe mindestens 45,5 cm. **Kopf:** Schädel breit, flach, wenig Stop; Fang breit, mäßig lang; Zunge heidelbeerfarben. Kleine, dicke, aufrechtstehende Ohren, die an den Enden leicht abgerundet sind. Auge klein, dunkel; bei blauer oder zimtfarbener Haarfarbe helleres Auge gestattet. **Körper:** Hals stark, kräftig, Brust breit, tief; Rücken kräftig und gerade, kurz; kräftige Lenden. Hochangesetzte Rute, über dem Rücken getragen. **Haar:** Rauh, sehr dicht, gerade und abstehend, weiche Unterwolle. **Farbe:** Einfarbig schwarz, rot, blau, zimt, cremefarben oder weiß.

Dalmatiner

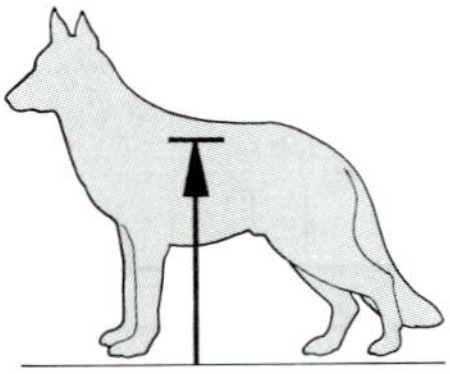

Es ist durchaus nicht sicher, daß Jugoslawien tatsächlich die Heimat des Dalmatiners ist, der früher einmal den Namen »Bengalische Bracke« trug. Hinsichtlich seines Ursprungslandes gibt es recht widersprüchliche Aussagen. Das Brackenerbe dieses mittelgroßen, elegant wirkenden Hundes ist jedoch deutlich erkennbar, und so soll er auch früher in der einen oder anderen Weise als Jagdhund gehalten worden sein. Man kann ihn recht oft auf italienischen Gemälden des Mittelalters sehen. Im 18./19.Jahrhundert war er in England der »coach dog«, der Begleiter der eleganten Kutschen, und wuchs in den Pferdeställen auf. Auch in Amerika trat er in Verbindung mit Pferden in Erscheinung, denn hier saß er auf dem Kutscherbock bei den roten Wagen der Feuerwehr, deren Maskotte er geworden ist. Seine besondere Zuneigung zum Pferd ist bis auf den heutigen Tag erhalten geblieben. Da er sehr schnell und ausdauernd laufen kann, ist er der ideale Begleiter des Reiters. Die Dänen scheinen eine ganz besondere Vorliebe für die Rasse zu haben, denn in Dänemark ist der Dalmatiner recht häufig anzutreffen. In der Schweiz nimmt man ihn gern als Sanitätshund. Der Dalmatiner sollte nicht in einer Stadtwohnung gehalten werden. Er braucht wenigstens einen Garten und zusätzlich noch recht viel Auslauf.

Größe: Schulterhöhe 55–61 cm. **Kopf:** Länglich; ziemlich breiter Schädel, mäßiger Stop, kräftiger, langer Fang, der keinesfalls spitz zulaufen darf. Mittelgroßes, hochangesetztes Ohr, breit im Ansatz, dicht am Kopf anliegend, feinhäutig. Auge mittelgroß, dunkel bei schwarzer, bernsteinfarben bei brauner Tüpfelung. **Körper:** Hals mittellang ohne Kehlhaut. Brust tief und geräumig, jedoch nicht zu breit. Gut ausgebildeter Widerrist. Kräftiger, gerader Rükken; muskulösé, leicht gewölbte Lenden. Rute im Ansatz kräftig, sich allmählich verjüngend, weder zu tief noch zu hoch angesetzt, mit leichter Aufwärtsbiegung getragen. **Haar:** Kurz, hart, dicht, glatt und glänzend. **Farbe:** Grundfarbe rein weiß mit tiefschwarzen Flecken bzw. braunen Flecken beim braunen Farbschlag, wo dann auch der Nasenschwamm braun sein muß. Bei der Geburt hat der Dalmatiner eine rosig-weiße Farbe und die spätere Färbung ist nur auf dem Nasenschwamm, am Auge und am Ohransatz ganz wenig erkennbar, und zwar in winzigen Pünktchen. Sind bei der Geburt Flekken bereits deutlich sichtbar, so gilt dies als Fehler. Aus solchen Flecken werden nämlich dann später zu große schwarze oder braune Platten, die man keinesfalls haben möchte.

Mittelschnauzer

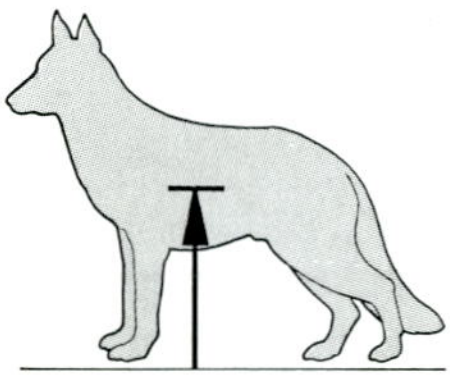

Welche Rassen zu seinen Vorfahren gehören, läßt sich wohl nicht eindeutig klären. 1879 wurde diese deutsche Hunderasse erstmals auf der Hundeausstellung als »rauhhaariger Pinscher« vorgestellt. Zunächst war der Schnauzer in Württemberg, Baden und Bayern vertreten. Heute ist er in ganz Deutschland und auch im Ausland, z.B. in Frankreich und in der Schweiz, anzutreffen. Dieser robuste, widerstandsfähige und in der Pflege recht anspruchslose Hund, der ein hohes Alter erreichen kann, wird auch »Rattler« genannt, weil er Ratten und Mäuse mit blitzartiger Schnelligkeit zu vertilgen weiß. Anhänglichkeit, Aufmerksamkeit, Unbestechlichkeit, Mißtrauen gegenüber Fremden und Schärfe sind bei ihm stark ausgeprägt. Ein ausgezeichneter Beschützer und Bewacher von Haus und Hof, wobei er aber kein Kläffer ist.
Größe: Schulterhöhe 45–50 cm. **Kopf:** Langgestreckt, Gesamtlänge des Kopfes zur Rückenlänge etwa 1:2. Der Stop erscheint durch die Brauen deutlich ausgeprägt, kräftiger Fang in einem mäßig abgestuften Keil endend. Ohren entweder kupiert, hoch angesetzt, aufrecht getragen (in Deutschland Kupieren der Ohren seit 1987 nicht mehr gestattet) oder unkupiert (natürlich), V-förmig, mittellang, Klappfalte seitlich getragen. Auge oval, dunkel, nach vorn gerichtet. **Körper:** Kräftig, quadratisch. Hals nicht zu kurz, trocken. Nacken kräftig und leicht gewölbt. Tiefe, mäßig breite Brust mit geringer Rippenwölbung, ausgeprägte Vorbrust, leicht hochgezogener Bauch. Rücken kurz, fest, leicht abfallend. Hochangesetzte Rute, aufrecht getragen, bis auf 2–3 Glieder kupiert. **Haar:** Dicht, drahtig, hart, mit harschem Bart und buschigen Augenbrauen. **Farbe:** Lackschwarz ohne Abzeichen, pfeffersalz (zugelassen sind jeweils an allen Körperteilen gleichmäßig pigmentierte Variationen von silber) bis eisengrau. Dunkle Gesichtsmaske erwünscht, weiße Abzeichen am Kopf, auf der Brust und an den Läufen unerwünscht.

Zwergschnauzer

(Foto unten: Hund links)

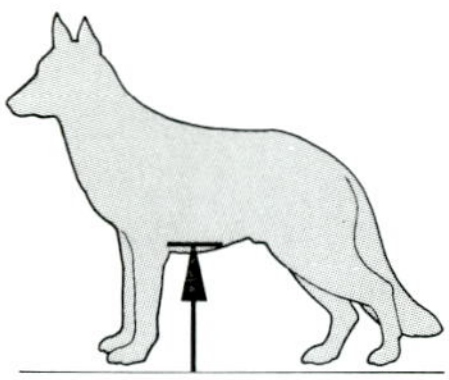

Der Zwergschnauzer, ein sehr wachsamer, kleiner Begleithund, ist praktisch eine Miniaturausgabe des oben beschriebenen Mittelschnauzers ohne die Mängel zwerghafter Erscheinungen. 1899 wurde im Katalog der Ausstellung in Frankfurt erstmals die Bezeichnung »Zwergschnauzer« offiziell verwendet. In Europa halten sich heute Mittel- und Zwergschnauzer ungefähr die Waage, während in den USA der Zwergschnauzer sich noch größerer Beliebtheit erfreut. Ein Vorteil dieses klugen, unerschrockenen Hundes ist, daß man ihn auch gut in einer kleineren Wohnung halten kann, wobei man ihm selbstverständlich unbedingt genügend Auslauf verschaffen muß.
Größe: Schulterhöhe 30–35 cm. Alle anderen Merkmale entsprechen denen des oben beschriebenen Mittelschnauzers. Außer den dort erwähnten Farben gibt es beim Zwergschnauzer noch weiß und schwarz-silber.
Die Abbildung unten zeigt deutlich den Größenunterschied zwischen Zwergschnauzer (links) und Mittelschnauzer (rechts).

Deutscher Spitz

(Foto oben: Wolfsspitz, Foto unten: Mittelspitz)

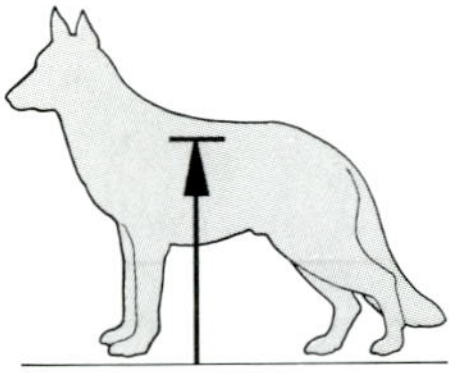

Wolfsspitz

Der Deutsche Spitz zählt zu den ältesten deutschen Hunderassen und stammt vom steinzeitlichen Torfhund und den späteren Pfahlbauspitzen ab. Um 210 v. Chr. war eine Kupfermünze im römischen Reich gesetzliches Zahlungsmittel, auf der ganz eindeutig ein Spitz abgebildet ist. Man unterteilt in Wolfs-, Groß-, Mittel-, Klein- und Zwergspitze, die sich voneinander nur durch die unterschiedliche Größe und Farbe unterscheiden. Charakteristisch ist ihr Haarkleid, das durch die reichliche Unterwolle abstehend wirkt, der fuchsähnliche Kopf mit den spitzen, kleinen engstehenden Ohren sowie die über dem Rücken gebogene buschig behaarte Rute. Spitze sind treue Begleiter und – mißtrauisch gegenüber Fremden – stets auch wachsame und zuverlässige Beschützer von Haus und Hof, ohne dabei Kläffer zu sein. Württembergische Züchter sollen die ersten gewesen sein, die zu Ausstellungen nach London, Paris und Wien reisten und den Spitz dort mit Erfolg vorstellten.

Der Wolfsspitz (Abb. oben) ist der größte unter den Deutschen Spitzen und gewiß kein Modehund. Doch ist das Interesse an ihm in letzter Zeit sehr gestiegen. Besonders die Landwirte haben diesen sehr robusten, recht anspruchslosen Wolfsspitz wieder neu als Wach- und Begleithund zu schätzen gelernt, zumal er schon wegen seines Körperbaus nicht zum Wildern neigt und damit seinem Herrn viel Ärger erspart. Früher in Pommern, Ost- und Westpreußen, im Rheinland und in Westfalen besonders beliebt und häufig anzutreffen, wird er heute hauptsächlich in Nordrhein-Westfalen, Hessen, Baden-Württemberg und Bayern gezüchtet.

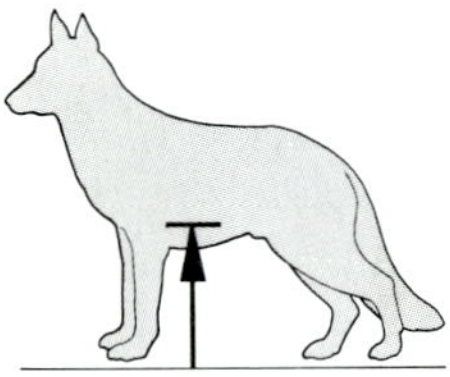

Mittelspitz

Größe: Schulterhöhe Wolfsspitz: 45–60 cm; Großspitz: ca. 46 cm; Mittelspitz: 29–39 cm; Kleinspitz: 22–28 cm; Zwergspitz: bis 22 cm. **Kopf:** Keilförmig, mittelbreiter Schädel, mäßiger Stop. Fang nicht zu lang, etwas Ramsnase erwünscht. Kleine, dichtgestellte Spitzohren. Auge mittelgroß, länglich, dunkel. **Körper:** Hals mittellang, tiefe Brust, gute Rippenwölbung. Kurzer, gerader Rücken, vorn höher als hinten. Leicht aufgezogener Bauch. Rute mittellang, hoch angesetzt, über dem Rücken gebogen. **Haar:** Reich, lang, abstehend, gute Unterwolle; an Gesicht, Ohren und Vorderseite der Läufe kurz und dicht. Größte Länge des Haares unter dem Hals und an der Rute. **Farbe:** Wolfsspitz: Silbergrau mit schwarzen Spitzen; Großspitz: Schwarz, weiß, braun; Mittel-, Klein- und Zwergspitz: Schwarz, weiß, braun, orange, wolfsfarben und Zwergspitze zusätzlich blau, cremefarben, biberfarben und Schecken (Grundfarbe muß Weiß sein).

Deutscher Pinscher

(Foto oben)

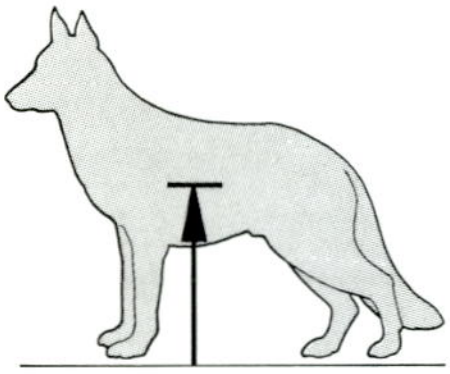

Eine der ältesten deutschen Rassen, die aber kurz nach dem 2. Weltkrieg auszusterben drohte. Ein Neubeginn wurde 1956 durch Werner Jung, den damaligen Hauptzuchtwart, möglich. Mit 5 Hunden, darunter 3 übergroßen Zwergpinschern, gelang es ihm, innerhalb kurzer Zeit einen Stamm von 60 Hunden zu schaffen. Inzwischen hat die Zahl der Züchter wieder deutlich zugenommen. Besonders in den nordischen Ländern fand der Deutsche Pinscher eine unerwartet große Verbreitung. So wurden z.B. 1977 auf der Ausstellung in Oslo 45 Pinscher vorgestellt. Ein guter Wachhund und Raubzeugvertilger.

Größe: Schulterhöhe 43–48 cm. **Kopf:** Langgestreckt; Stop gering und Fang kräftig. Ohren kupiert, hoch angesetzt, aufrecht getragen (in Deutschland Kupieren der Ohren seit 1987 nicht mehr gestattet) oder unkupiert, V-förmig, mittellang. Auge dunkel, mittelgroß, oval, nach vorn gerichtet. **Körper:** Brust tief, mäßig breit, ausgeprägte Vorbrust. Rücken kurz, fest, leicht abfallend. Rute hoch angesetzt, bis auf 2–3 Glieder kupiert. **Haar:** Dicht, kurz, glatt anliegend, glänzend. **Farbe:** Schwarz mit Brand, einfarbig rehbraun bis hirschrot, andere Farben sind nicht zugelassen.

Zwergpinscher

(Foto unten links)

Der Zwergpinscher, auch Rehpinscher genannt, – die Miniaturausgabe des oben beschriebenen Deutschen Pinschers – ist in vielen europäischen Ländern und in den USA sehr beliebt. Ein wachsamer Hund, der weder Angst noch Scheu kennt und jeden Angreifer seine scharfen Zähne spüren läßt.

Größe: Schulterhöhe 25–30 cm. Alle anderen Merkmale wie beim Deutschen Pinscher.

Affenpinscher

(Foto unten rechts)

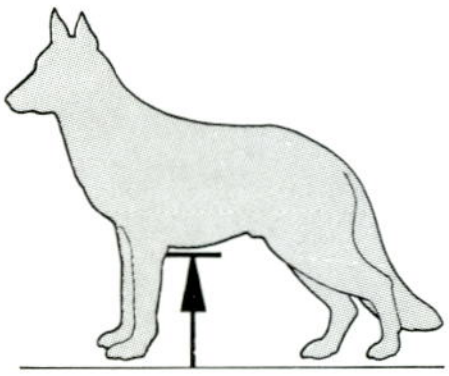

Die Zucht des Affenpinschers hat ihren Ursprung in Bayern und Sachsen. Seinen Namen verdankt dieser Hund in der Pinscher-Schnauzer-Familie seinem am Kopf abstehenden Haar, das ihm einen affenartigen Gesichtsausdruck verleiht. Ein kleiner aber keineswegs zierlicher Hund von großer Anhänglichkeit und ein guter Wächter. Zur Zeit fehlt es an engagierten Züchtern und teilweise auch an robusten, substanzvollen Zuchttieren. Man kann nur hoffen, daß die Zukunft dieser Rasse gesichert bleibt.

Größe: Schulterhöhe 25–30 cm. **Kopf:** Kugelig, hochgewölbt, Stop markant, Fang kurz. Augen und Nase bilden etwa ein gleichseitiges Dreieck. Ohr entweder kupiert, hoch angesetzt, aufrecht getragen (in Deutschland Kupieren der Ohren seit 1987 nicht mehr gestattet) oder unkupiert, V-förmig, mittellang. Auge rund, voll nach vorn gerichtet, dunkel. **Körper:** Kurzer, steiler Hals, tonnenförmiger Brustquerschnitt. Rücken kurz, fest, leicht abfallend, Länge entspricht ungefähr der Widerristhöhe. Rute kupiert. **Haar:** Hart, dicht, strähnig. Am Kopf abstehend, um die Augen kranzförmig. **Farbe:** Schwarz. Zugelassen sind auch braune oder graue Abzeichen bzw. Tönungen.

Mops

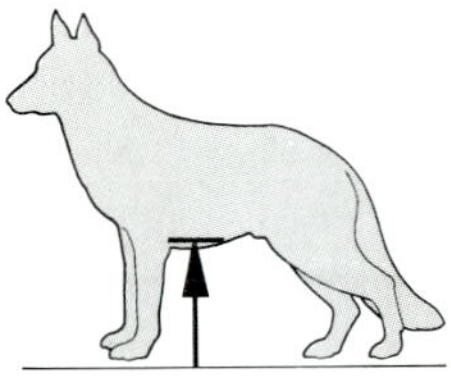

Man vermutet, daß China die Heimat dieser sehr alten Rasse ist. Seefahrer sollen den Mops mit nach Europa gebracht haben. Dieser kräftige, gedrungene Hund, der einmal sehr verbreitet war, erreicht meistens ein recht hohes Alter bei bester Gesundheit. Hinsichtlich seiner Ernährung sollte man jedoch daran denken, daß der Mops ein sehr guter Futterverwerter ist und etwas zum Dickwerden neigt. Er ist ein aufmerksamer, lebhafter Hausgenosse.
Größe: Schulterhöhe um 35 cm. Gewicht 6,3–8 kg. **Kopf:** Groß, rund, tiefe Faltenbildung durch gewünschte lose Haut. Sehr kurzer, viereckiger Fang, Vorbeißer. Kleine, dünne Rosen- oder Knopfohren, wobei letztere bevorzugt werden. Augen groß, kugelig, dunkel. **Körper:** Schwerer Hals mit Kehlhaut, Brustkorb tief und rund; gerader, fester Rücken. **Haar:** Kurz, glatt, weich, fein, glänzend. **Farbe:** Silber-, reh-, aprikosenfarben oder schwarz. Die helleren Farben mit schwarzer Maske, schwarzen Ohren und Aalstrich.

Französische Bulldogge

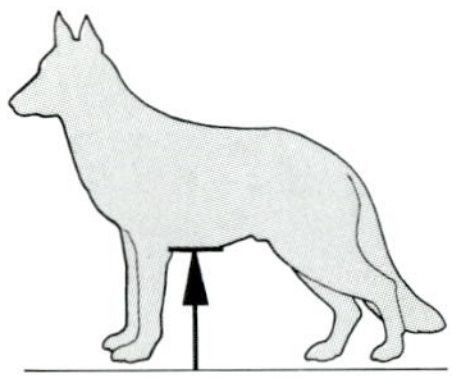

Bei der Französischen Bulldogge gibt es unterschiedliche Auffassungen hinsichtlich ihres Ursprungs. Von den Franzosen wird sie als einheimischer Hund angesehen, der über Spanien nach Paris gekommen sei. Diese Rasse ließe sich auf die Chincha-Bulldogge zurückführen, die die Spanier aus Amerika mit nach Hause brachten und weiterzüchteten. Dagegen behaupten die Engländer, dieser Hund stamme von kleinen englischen Bulldoggen ab. Als Mitte des 19.Jahrhunderts in England Armut und Elend unter den Webern herrschte, waren viele von ihnen gezwungen, nach Frankreich auszuwandern. Sie nahmen ihre Hunde – vor allem die tulpenohrigen Toybulldogs – mit und züchteten in Frankreich weiter. Diese Rasse hätte unter den Franzosen – besonders in Paris – viele Liebhaber gefunden, die dann Terrier und Möpse einkreuzten. Unbestritten bleibt jedenfalls, daß der jetzige Typ dieser Dogge in Frankreich herausgezüchtet worden ist. Ein sehr anhänglicher, ruhiger Begleithund und kein Kläffer.
Größe: Schulterhöhe 25–34 cm. **Kopf:** Schädel breit und kurz mit Hautfalten, tiefer Stop; Fang breit und viereckig, Vorbeißer. Fledermausohren; Auge dunkel. **Körper:** Hals kurz ohne Kehlhaut; Vorderbrust ausladend, Brustkorb tonnenförmig. Bauch hochgezogen, Karpfenrücken. Rute tief angesetzt, kurz, dick am Ansatz, am Ende verknorpelt. **Haar:** Kurz, fein, dicht, glatt und glänzend. **Farbe:** Gestromt, bevorzugt dunkelgestromt (kleine weiße Abzeichen gestattet), Schecken, weiß mit gestromten Platten, reinweiß (kleine Pigmentflecken erlaubt).

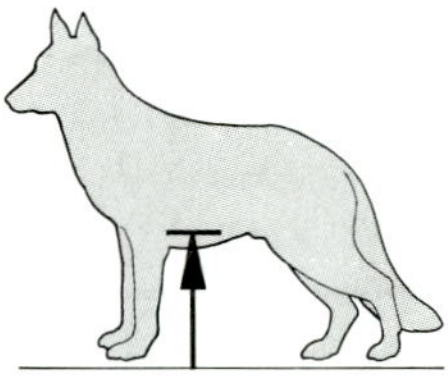

Dachshund

Dachshund, Dackel oder Teckel – jeder kennt die drei Bezeichnungen für die kleinste, in Deutschland sehr verbreitete Jagdhundrasse. Dabei unterscheidet man drei verschiedene Schläge, die nicht miteinander gekreuzt werden dürfen, und zwar den Rauhhaar- (Abb. oben), Langhaar- (Abb. unten) und den Kurzhaardackel (Abb. S. 77 oben). Sie haben alle den gleichen Körperbau, ihr Unterschied liegt – wie der Name schon sagt – in der Beschaffenheit des Haares. Innerhalb dieser drei Schläge gibt es dann noch die Unterteilung nach Größe bzw. Brustumfang in Teckel von Standard- oder Normalgröße, Zwerg- und Kaninchenteckel. Dieser kleine Jagdgebrauchshund ist für den Jäger ein vielseitiger Helfer, versiert in der Baujagd, aber auch ebenso passioniert beim spurlauten Jagen und Stöbern und bei der Wasserarbeit. Auf der Schweißfährte erweist er sich als Spezialist. Voraussetzung hierfür ist jedoch, daß ein verständnisvoller, fachkundiger Führer den Dackel – dem man gern Sturheit und Launenhaftigkeit nachsagt – für seine vielfältigen jagdlichen Aufgaben systematisch und gründlich vorbereitet. Da der Dackel aber in Deutschland nicht nur als Jagdhund gehalten wird, sondern auch als Begleit- und Ausstellungshund hoch im Kurs steht, ist es für den Jäger außerordentlich wichtig, nicht an einen sogenannten »kalten Schlag« zu geraten, an Dakkel also, die über Generationen hinweg nicht mehr als Jagdhunde verwendet wurden und deren Jagdpassion dementsprechend nur noch gering ist. Will man ihn für die Jagd einsetzen, so sollte der Dackel unbedingt von Elterntieren stammen, die auf jagdlichen Prüfungen ihre Fähigkeiten – wie Spurlaut und Schärfe – unter Beweis gestellt haben.
Ursprünglich wurde der Dachshund ausschließlich für die Jagd gezüchtet und gehalten. Wissenschaftler haben herausgefunden, daß er in Deutschland etwa seit dem Mittelalter als Bracke bekannt war. Mit Sicherheit falsch aber ist die früher häufig verbreitete Meinung, daß die kurzen Läufe des Teckels auf einer rachitischen Mißbildung beruhen würden. Mit größter Wahrscheinlichkeit sind diese kurzen Läufe als bewußt angestrebtes Zuchtziel anzusehen. Man wollte sich einfach einen Jagdhund heranbilden, der für die Bodenjagd bestens geeignet ist. Einer der Kenner des Teckels und des leichten bayerischen Gebirgsschweißhundes, Oberforstverwalter Volkmar, äußerte sich folgendermaßen: »Der Bergler hat es nie so genau genommen; Teckel-, Schweißhund- und Niederlaufhundblut hat er oft miteinander vermischt, wie es ihm gerade in den Weg kam«. Aber 1879 wurden dann die Rassemerkmale für den Teckel von der Delegiertenkommission in Hannover aufgestellt, und zwar so, wie sie im wesentlichen auch heute noch Geltung haben.

Größe: Schulterhöhe Teckel: 38 cm; Zwergteckel: 35 cm; Kaninchenteckel: 30 cm. Brustumfang Teckel von Standardgröße: mehr als 35 cm; Zwergteckel: 30–35 cm; Kaninchenteckel: bis 30 cm. Auf dem Foto S. 77 unten läßt sich der Größenunterschied zwischen Teckel (Standardgröße), Zwerg- und Kaninchenteckel recht deutlich erkennen. **Kopf:** Langgestreckt, von oben und von der Seite gesehen sich gleichmäßig bis zur Nasenspitze verschmä-

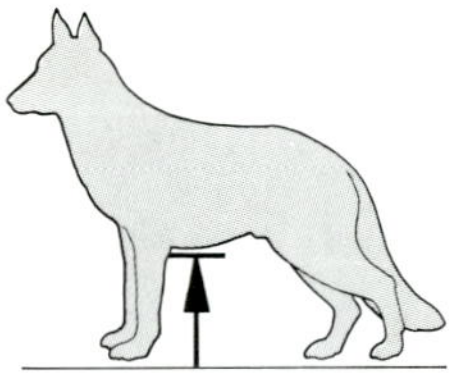

Kaninchenteckel

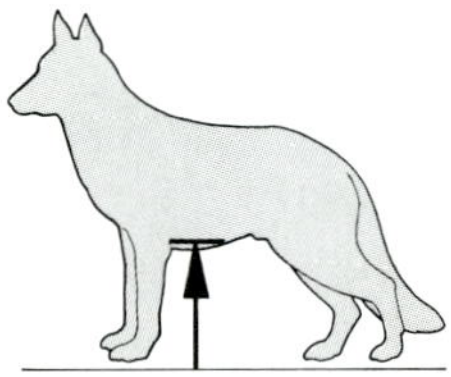

Zwergteckel

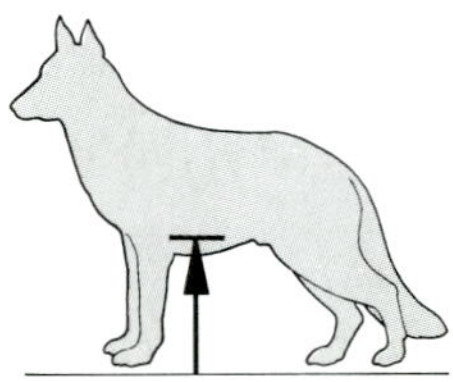

Teckel

lernd, trocken. Flach gewölbter Oberkopf, allmählich ohne Stirnabsatz in den fein geformten, leicht gewölbten Nasenrücken übergehend. Kräftige Augenjochbogen. Fang weit dehnbar, bis hinter die Augen gespalten. Behang hoch, nicht zu weit vorn angesetzt, nicht zu lang, gut abgerundet, nicht schmal, spitz oder faltig. Auge mittelgroß, oval und dunkelrotbraun bis schwarzbraun. Glas-, Fisch- oder Perlaugen bei grauen und gefleckten Hunden kein Fehler, jedoch nicht erwünscht. **Körper:** Hals ausreichend lang, muskulös, trocken, leichte Wölbung im Genick. Brustbein derb und so stark vorspringend, daß sich an den beiden Seiten Gruben zeigen. Geräumiger Brustkorb, Bauch mäßig aufgezogen. Rücken mit hohem, langem Widerrist, im Verlauf der weiteren Brustwirbel gerade verlaufend mit leichter Wölbung in der Lendenpartie. Kruppe lang, breit, rund, voll bemuskelt. Rute in derselben Linie wie das Rückgrat angesetzt und verlaufend, ohne starke Krümmung. **Haar:** Kurzhaarteckel: Kurz, dicht, glänzend, glatt anliegend. Rauhhaarteckel: Mit Ausnahme von Fang, Augenbrauen und Behang am ganzen Körper vollkommen ausgeglichene, mit Unterwolle durchsetzte, anliegende, dichte, drahtige Jacke. Am Fang bildet sich ein Bart; buschige Augenbrauen; am Behang kürzer, fast glatt, jedoch der übrigen Behaarung angepaßt. Langhaarteckel: Weiches, schlichtes, glänzendes Haar, das sich unter dem Hals, der ganzen Unterseite des Körpers, besonders aber am Behang und an der Hinterseite der Läufe zu einer hervorragenden Feder verlängert und an der Unterseite der Rute die größte Länge erreicht. Am unteren Rande des Behanges soll die Behaarung überfallen. **Farbe:** Kurzhaarteckel: a) Einfarbig rot, rotgelb oder gelb, alles mit oder ohne schwarze Stichelung, jedoch ist reine Farbe vorzuziehen und rot erwünschter als rotgelb oder gelb. b) Zweifarbig: Tiefschwarz, braun, grau oder weiß mit rostbraunen oder gelben Abzeichen. c) Gefleckte, getigerte, gestromte Teckel: Heller, bräunlicher, grauer bis weißer Grund mit dunklen, unregelmäßigen Flecken (große Platten unerwünscht) von dunkelgrauer, brauner, rotgelber oder schwarzer Farbe, wobei weder die helle noch die dunkle Farbe vorherrschen soll. Die Farbe des Gestromten ist rot oder gelb mit dunklerer Stromung. d) Andersfarbige Teckel: Alle zuvor nicht erwähnten Farben. Fehler sind schwarze oder weiße Farbe ohne Brand. Zu stark verbreiteter Brand ist unerwünscht. Rauhhaarteckel: Alle Farben sind zulässig. Weiße Abzeichen an der Brust sind erlaubt, jedoch nicht erwünscht. Im übrigen gilt das gleiche wie bei den Kurzhaarteckeln. Langhaarteckel: Genau wie bei den Kurzhaarteckeln.

Foxterrier

(Fotos oben links und rechts)

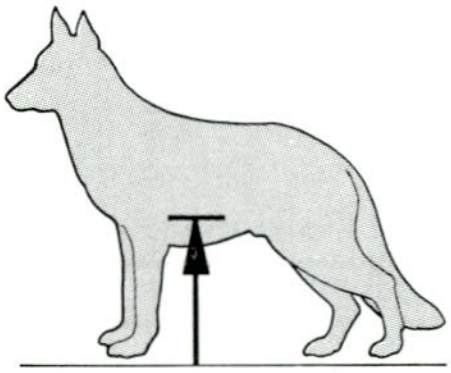

In England, seiner Heimat, wurde er bei Meutejagden mitgeführt, um den in den Bau geflüchteten Fuchs herauszudrängen (sprengen). Dieser kleine Jagdhund, dessen Urform der glatthaarige Schlag ist, eignet sich nicht nur für Bauarbeit oder Jagd auf Sauen, sondern ist auch ein sicherer Apporteur kleineren Wildes, darüber hinaus ein guter Stöber-, Wasser- und Schweißhund. Weil er zudem sehr gesellig und verträglich ist, wurde er – besonders der rauhhaarige Schlag – leider mehr oder weniger zum Mode- und Ausstellungshund. Die heute nur noch selten von Jägern geführten Foxterrier müssen ihr Können auf Anlagen- und Leistungsprüfungen beweisen.
Größe: Schulterhöhe bis 40 cm. **Kopf:** Langgestreckt, wenig Stop, langer, starker Fang. Kleines, dunkles Auge, kleine, V-förmige Kippohren. **Körper:** Brust tief, nicht zu breit; kurzer, kräftiger Rücken; Rute kupiert. **Haar:** Glatthaar (Abb. oben rechts): Hart, dicht, nicht zu lang, fest anliegend. Rauhhaar (Abb. oben links): Drahtig, leicht gewellt, nicht gelockt, starker Bart. **Farbe:** Überwiegend weiß, Kopf und Platten schwarz oder tanfarben (lederfarben unerwünscht), oft schwarze oder tanfarbene Abzeichen.

Deutscher Jagdterrier

(Fotos unten links und rechts)

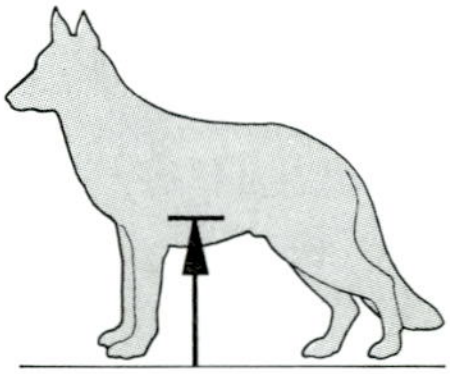

Dem kleinen, behenden, sehr robusten Jagdhund liegt das Jagen und Kämpfen im Blut. Kein Begleithund. Er gehört nicht nur in die Hand des Jägers, sondern eines erfahrenen Hundeführers, unter dessen konsequenter, liebevoller Führung er mit draufgängerischer Härte und viel Wasserpassion Hervorragendes leistet, und zwar im Bau, beim spurlauten Jagen am Land und im Wasser, als Apporteur kleineren Wildes und auch als guter Schweißhund. Zur Entstehung dieser Rasse kam es eigentlich durch einen Zufall. In München bot ein Student Jägern billig Welpen an, die seine fast schwarze Foxterrierhündin nach einem englischen Importrüden geworfen hatte. Die vier Welpen waren schwarz und hatten die bekannten roten Abzeichen. Er wollte sie abgeben, weil sie ja doch nur ins Foxterrier-Zuchtbuch als »nicht dem Standard entsprechend« eingetragen würden. Die Jäger nahmen an. Nach Inzucht, Kreuzung mit erprobten Jagdfoxterriern, Selektion und zweimaligem Einkreuzen des »Old English Terrier« war das gewünschte Ziel erreicht, der Deutsche Jagdterrier geboren, der 1927 zum ersten Mal der Öffentlichkeit in Gießen vorgestellt wurde. Wer mit dieser Rasse vertraut ist, weiß, daß unter der rauhen Schale ein »Seelchen« sitzt.
Größe: Schulterhöhe bis 40 cm. **Kopf:** Schädel flach und schmal, Fang kräftig. Hochangesetzte, V-förmige Ohren; Auge klein, dunkel. **Körper:** Brust kräftig, gerader, muskulöser Rücken. Vorderläufe oft breiter als Hinterläufe; Rute kupiert. **Haar:** Dichtes, hartes Rauhhaar (Abb. unten links) oder derbes, nicht zu kurzes Glatthaar (Abb. unten rechts). **Farbe:** Schwarz, schwarz-grau meliert oder dunkelbraun mit braunrotgelben Abzeichen an Augenbrauen, Fang, Brust, Läufen und Waidloch. »Gesichtsmaske« zulässig.

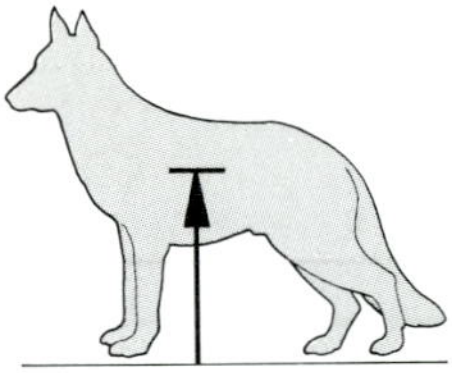

Deutscher Wachtelhund

Beim Deutschen Wachtelhund handelt es sich um eine sehr alte Jagdhundrasse. Bracken, später auch Vorstehhunde, besonders der Deutsch-Langhaar, sind die Vorfahren dieses passionierten Stöberhundes. Seit 1897 wurde er hauptsächlich von Forstleuten und Berufsjägern in scharfer Leistungszucht aus Restbeständen neu herausgezüchtet, die noch auf der schwäbisch-bayerischen Seenhochebene anzutreffen waren. Als Gebrauchshund des Waldjägers ist er am stärksten in den waldreichen Gebieten Nord- und Süddeutschlands vertreten und erfreut sich bei Förstern und Berufsjägern besonderer Beliebtheit. Auf alle Fälle aber gehört der Wachtel immer in die Hand eines Jägers, wo es für ihn Arbeit gibt, und der ihm auch den genügenden Auslauf verschaffen kann. Bei sachgemäßer Führung erweist sich dieser Jagdhund dann nicht nur als ausgezeichneter Stöberer, sondern ebenso als zuverlässiger Verlorenbringer, passionierter Wasser- und sehr guter Schweißhund. Dies ist mit Sicherheit auch auf die strengen Bestimmungen der Leistungszucht zurückzuführen, wo der Spurlaut eine absolute Forderung ist. Ferner wird auf feinste Nase, Spurwille, Stöber-, Wasser- und Bringfreude sowie Raubzeugschärfe größter Wert gelegt. Entsprechend dem Brackenerbe zeigen viele Wachtelhunde noch die Anlage zum Weitjagen, die man auch zu fördern bestrebt ist. Rudolf Frieß war ein besonderer Förderer dieser Rasse.
Größe: Schulterhöhe bis ca. 54 cm. **Kopf:** Gestreckt, jedoch nicht schmal, trocken. Leicht gewölbter Oberkopf mit schwachem Hinterhauptbein. Leicht ansteigender Stirnansatz. Ungefähr gleiche Länge von Fang und Schädel. Behang hoch angesetzt, dicht hinter dem Auge herabhängend, breit und mindestens so lang, daß man mit ihm den Nasenschwamm erreichen kann. Großes braunes Auge, kräftiges Gebiß. **Körper:** Breite, tiefe Brust. Kräftiger Hals, der nicht zu kurz sein soll. Besonders kräftiger Nacken, keine Wamme. Insgesamt kräftige Bemuskelung. Rücken etwas länger als die Rückenhöhe. Verhältnismäßig kurze, kräftige Läufe. Die um ein Drittel kupierte Rute ist ziemlich hoch angesetzt und wird gerade oder etwas abwärts getragen. **Haar:** Kräftiges, glänzendes Haar, das aber nicht seidig sein soll, leicht gewellt, auch lockig, besonders an Hals, Nacken und Rücken. Am Oberschädel und Fang kurzes, dichtes Haar. Dichte, lange – oft auch lockige – Behaarung der Behänge. Läufe, Keulen und Rute befedert. **Farbe:** Einfarbig braun (Abb. unten; oft mit weißen Abzeichen, rotem oder gelbem Brand), fuchs- oder hirschrot, Braunschimmel (oft mit braunem Kopf und braunen Platten), Braun-Weiß-Schecken, Tiger sowie dreifarbig (Abb. oben).

Jagdspaniel

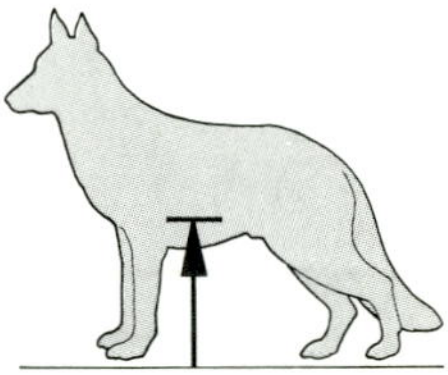

Cocker-Spaniel

Beim Jagdspaniel handelt es sich um einen Stöberhund, der sowohl für die Arbeit vor wie nach dem Schuß geeignet ist, denn bei entsprechender Einarbeitung zeigt er sehr gute Leistungen bei der Wasser- und Schweißarbeit, beim Buschieren und auch beim Apportieren. Es muß jedoch noch darauf hingewiesen werden, daß in Europa der Cocker-, der Welsh- sowie der English-Springer-Spaniel für die Jagd von Bedeutung sind. Wegen seines ansprechenden Äußeren ist er aber auch zum Begleit- und Ausstellungshund geworden, was Einbußen bei den jagdlichen Fähigkeiten zur Folge hatte, so daß jedem Jäger dringend geraten werden muß, nur einen Spaniel aus einer Zucht zu nehmen, wo beide Elterntiere jagdlich geführt werden. Der English- und der Welsh-Springer-Spaniel unterscheiden sich vom Cocker in Größe und Farbe (s. unten).

Cocker-Spaniel Der Cocker-Spaniel (Abb. oben rechts und Abb. oben links) ist der in Deutschland am bekanntesten und am häufigsten vertretene Jagdspaniel.

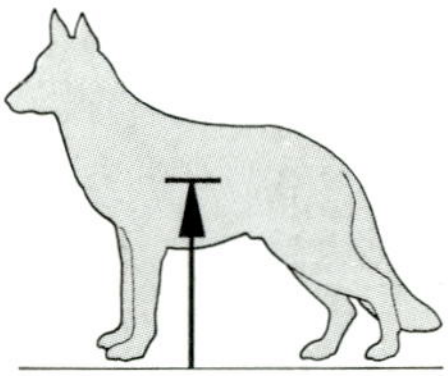

English-Springer-Spaniel

Größe: Schulterhöhe ca. 38,5–40,5 cm. **Kopf:** Schädel nicht zu breit und nicht zu lang, Fang quadratisch, Stop ausgeprägt. Behang tief angesetzt, lang, jedoch nicht über den Nasenschwamm hinausgehend, wenn man den Behang nach vorne nimmt. Auge braun oder dunkelbraun. **Körper:** Kompakt; Brust tief, nicht zu breit. Kurzer Rücken, der etwas zum Rutenansatz hin abfällt. Rute nicht zu kurz kupiert, so daß sie lebhaft bewegt werden kann. **Haar:** Anliegend, seidig, lang, nicht drahtig oder wellig; Läufe befedert. **Farbe:** Ein-, zwei- und dreifarbig schwarz-weiß-rot. Bei einfarbigem Hund ist – mit Ausnahme an der Vorbrust – kein Weiß erlaubt.

English-Springer-Spaniel Der English-Springer-Spaniel ist eine sehr alte Rasse, von der – mit Ausnahme des Clumber-Spaniel – alle Jagdspaniel abstammen sollen. Er ist in England ein sehr beliebter Jagdhund. Auch in Frankreich schätzt man ihn als solchen, während er in Deutschland zum überwiegenden Teil als Begleithund geführt wird.

Größe: Schulterhöhe ca. 51 cm. **Farbe:** Weiß-braun, weiß-schwarz oder jede dieser Farben mit lohfarbenen Abzeichen.

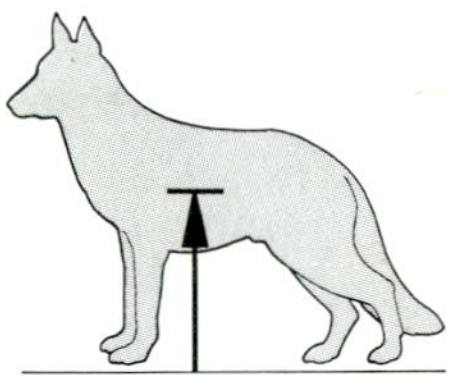

Welsh-Springer-Spaniel

Welsh-Springer-Spaniel Der Welsh-Springer-Spaniel (Abb. unten) soll mit dem Épagneul Breton, s. Seite 102, verwandt sein.

Größe: Schulterhöhe ca. 48 cm. **Farbe:** Sattes Rot mit Weiß. Außerdem sind die Behänge beim Welsh-Springer-Spaniel etwas kürzer und schmaler.

Labrador Retriever

(Foto oben links)

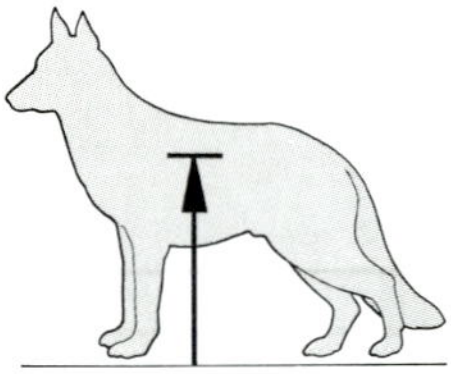

Eine verhältnismäßig junge Retriever-Rasse. Anfangs wollte man ausschließlich den schwarzen Labrador. Die gelben Welpen wurden als unerwünschte Abweichung angesehen und meistens sofort getötet. Aber nach dem 1. Weltkrieg erfreuten sie sich plötzlich weit größerer Beliebtheit als die schwarzen Hunde. Ungefähr ab 1800 brachten Seeleute vereinzelt den »St. John's of Newfoundland« nach England mit, wo er mit einheimischen Jagdhundarten gepaart wurde. Der Ur-Retriever selbst, der kleine Neufundländer, ist leider Ende des 19. Jahrhunderts ausgestorben. Alle Retriever-Rassen scheinen von ihm die große Wasserfreudigkeit, eine imponierende Schwimmtechnik sowie die Freude am Apportieren geerbt zu haben. Ein zusätzliches gemeinsames Merkmal ist das dichte, kräftige Haar mit der wasserabstoßenden Unterwolle. In Deutschland wird der Labrador-Retriever nicht nur für die Jagd eingesetzt, sondern dient auch als Polizeihund, und zwar speziell bei der Suche nach Rauschgift.
Größe: Schulterhöhe 55–57 cm. **Kopf:** Schädel breit, ausgeprägter Stop; Fang kräftig, mittellang. Behang ziemlich weit hinten angesetzt, nicht groß, nicht schwer. Auge mittelgroß, braun oder haselnußfarben. **Körper:** Hals trocken, kräftig, Brust breit, tief, gute Rippenwölbung. Kompakter Rücken, Lendenpartie breit, kräftig. Rute mittellang, am Ansatz sehr dick, allmählich spitz zulaufend (Otterschwanz). **Haar:** Kurz, dicht, hart mit sehr guter Unterwolle. **Farbe:** Meist einfarbig schwarz oder gelb; andere einheitliche Farben sind gestattet. Weiße Abzeichen – außer kleinem Brustfleck – nicht zulässig.

Golden Retriever

(Foto oben rechts)

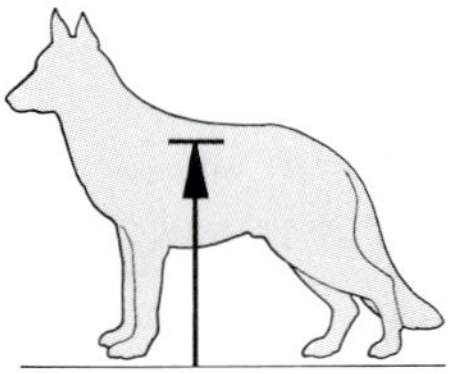

Der Golden Retriever ist in England seit 1913 als Rasse anerkannt. In vielen Ländern ist er heute ein gesuchter Jagd- wie auch Ausstellungshund.
Größe: Schulterhöhe bis 61 cm. **Kopf:** Schädel breit, Fang kräftig, breit; gut ausgeprägter Stop, Behänge mittellang. Dunkles Auge, dunkle Lidränder. **Körper:** Hals trocken und muskulös; tiefer, gut gewölbter Brustkorb. Lendenpartie kräftig, Fahnenrute. **Haar:** Lang, glatt oder gewellt mit guter Befederung und dichter Unterwolle. **Farbe:** Alle Variationen von gold bis creme, jedoch nicht mahagoni oder rot. Einige weiße Haare an der Brust gestattet.

Flat-Coated Retriever

(Foto unten)

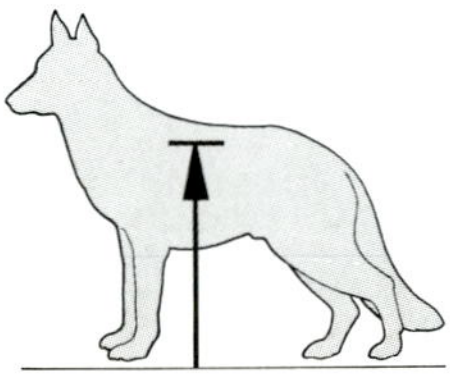

Gilt als eine der ältesten Retriever-Rassen und ähnelt noch am meisten dem gemeinsamen Ahnherrn, dem kleineren Neufundländer.
Größe: Schulterhöhe vorzugsweise 58–60 cm. **Kopf:** Lang, Schädel flach, mäßig breit, wenig Stop; Fang lang, kräftig. Behänge klein, Auge mittelgroß, dunkelbraun oder haselnußfarben. **Körper:** Hals lang, Brust tief, ziemlich breit, ausgeprägte Vorbrust. Rücken kurz, gerade, Rute kurz. **Haar:** Mittellang, dicht, glatt anliegend. **Farbe:** Schwarz oder leberfarben.

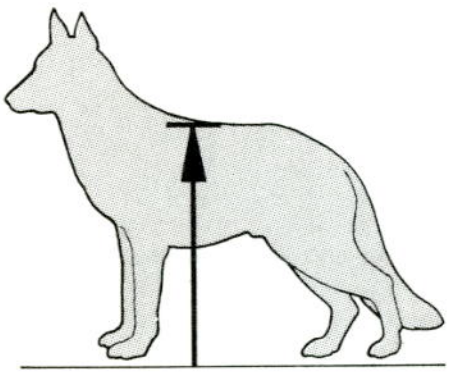

Deutsch-Kurzhaar

Alte Bilder und Kupferstiche zeigen, daß die deutschen Jäger früher einmal mit einem kurzhaarigen, schweren Vorstehhund zur Jagd gingen, dem glatthaarigen, großen »Hühnerhund«, der aus der Paarung vom »bracco« (über Italien nach Europa gekommener kurzhaariger Vorstehhund) mit der Jagddogge stammen soll. Als sie dann aber den Pointer kennenlernten und von seiner flotten, weiten Suche sowie dem festen Vorstehen begeistert waren, wollten sie auch ihren massigen, recht langsamen, altdeutschen Vorstehhund mit dem sehr ruhigen Wesen gern etwas schneller und im Gebäude eleganter machen. Sie kreuzten deshalb viel Pointerblut ein, und so entstand der Deutsch-Kurzhaar, der im Ausland als »German-Pointer« oder »German-Shorthair« bekannt und beliebt ist. Als besonderer Förderer und Wegbereiter der deutschen Kurzhaarzucht sei hier noch Dr. Kleemann erwähnt. Seine Verdienste um die Kurzhaarzucht wurden gewürdigt, indem eine Ausleseprüfung für diese Rasse seinen Namen trägt – die Dr. Kleemann-Gedächtnisprüfung. Der Deutsch-Kurzhaar ist ein Jagdgebrauchshund, der für alle Arbeiten vor und nach dem Schluß gleichermaßen eingesetzt werden kann. Er ist auch im Ausland sehr beliebt.

Größe: Schulterhöhe bis 65 cm. **Kopf:** Trocken, markant, flach gewölbter Oberschädel, Hinterhauptbein nicht stark ausgeprägt; langer, kräftiger Fang, Kinnbacken und -muskeln gut ausgebildet; Ramsnase. Auge braun, helles Raubvogelauge nicht erwünscht. Hochangesetzte, nicht zu lange Behänge, dicht am Kopf anliegend und unten stumpf abgerundet. **Körper:** Leicht geschwungener Hals, der zu den Schultern allmählich breiter wird, muskulöser Nacken. Kehlhaut geschlossen anliegend. Brust mehr tief als breit, gut gewölbte Rippen, strammer, geradliniger Rücken. Hochangesetzte, im Ansatz kräftige Rute, die sich dann verjüngt, um ein Drittel bis zur Hälfte kupiert. **Haar:** Kurz, dicht und derb, unter der Rute nicht auffallend länger, am Behang dünner und kürzer. **Farbe:** Einheitlich braun oder braun mit weißen oder gesprenkelten Abzeichen bzw. Platten. Außer den Braunschimmeln gibt es auch Hell- und Schwarzschimmel mit und ohne Platten.

Deutsch-Langhaar

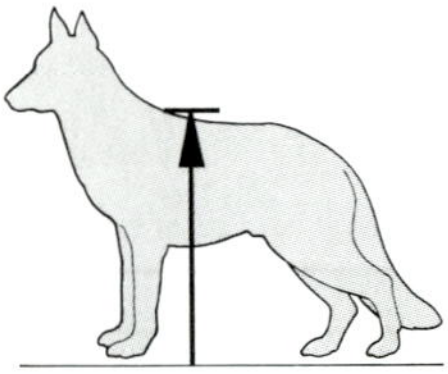

Der Deutsch-Langhaar gehört zu den ältesten deutschen Vorstehhunden. Mit größter Wahrscheinlichkeit stammt er aus der Kreuzung von Wachtel- oder Vogelhund mit französischen Epagneuls und hat sich im Laufe der Jahrhunderte vom Stöber- zum Vorstehhund entwickelt. Als guter Schweißhund, Lautjager und sicherer Verlorenbringer gilt er unter den deutschen Vorstehhunden als Hund für den Waldjäger, ist aber auch für die Wasserjagd hervorragend geeignet. Dieser vielseitige Jagdgebrauchshund ist lebhaft, intelligent und zeichnet sich durch eine besondere Schärfe aus. Er ist kräftig und muskulös. Die früheren schweren Schläge sind heute unerwünscht und nur noch ganz selten. Züchterisch wird Wert darauf gelegt, daß das Haar derb und leicht gewellt ist und am Körper anliegt. Das fertige Haarkleid entwickelt sich erst nach dem ersten Lebensjahr. Dieser Jagdhund ist in Deutschland unter den langhaarigen Vorstehhunden zahlenmäßig am stärksten vertreten. Er ist auch im Ausland geschätzt und gefragt. So trifft man ihn beispielsweise in USA, Österreich, Holland und Irland an.

Größe: Schulterhöhe ca. 63–70 cm. **Kopf:** Langgestreckt, zur Hälfte Fang, trocken, Stirnansatz schräg ansteigend, Oberkopf leicht gewölbt. Behang ziemlich breit, leicht gewellt, flach anliegend. Auge dunkel, gut geschlossen, ohne sichtbare Nickhaut. Helles Habichtsauge unerwünscht. Scherengebiß, kräftiger Unterkiefer, starke Fangzähne. **Körper:** Kräftig und edel, in schöner Linie zur Brust übergehend, keine Wamme. Tiefe Brust, Rücken gerade, fest, leicht abfallende Kruppe. Länge des Rückens dem Gesamteindruck entsprechend, so daß ein fast quadratisches Bild entsteht. Rute hoch angesetzt, fast gerade oder leicht aufwärts gebogen. Gute Fahne mit längster Behaarung in Rutenmitte, nicht kupiert. **Haar:** Lang, ca. 3–5 cm, derb, leicht gewellt, am Körper anliegend, kurzbehaartes, glattes Gesicht, gute Behaarung von Behängen, Bauch und Rute, Läufe gut befedert. **Farbe:** Einfarbig braun oder braun mit weißem oder geschimmeltem Brustfleck, braun-weiß als Dunkelschimmel, Dunkelbrauntiger, Hellschimmel, Hellbrauntiger, Forellenschimmel oder Forellentiger.

Deutsch-Drahthaar

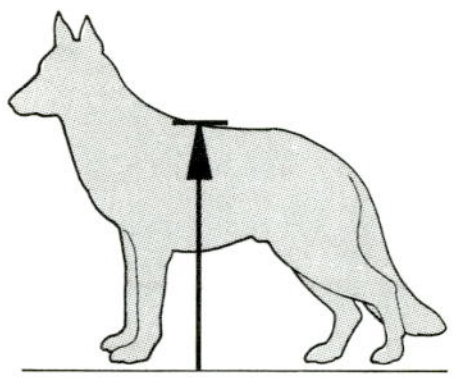

Der Deutsch-Drahthaar ist zweifellos der von den deutschen Jägern am häufigsten geführte rauhhaarige Vorstehhund. Dabei handelt es sich bei ihm um eine verhältnismäßig sehr junge Rasse, denn mit der Züchtung wurde erst um die Jahrhundertwende begonnen. Damals setzte man sich das Ziel, einen Jagdhund zu züchten, bei dem die jagdliche Brauchbarkeit an erster Stelle steht, also einen vielseitig veranlagten Gebrauchshund mit praktischem, wetterhartem Haar. Zu diesem Zweck kreuzte man die besten kurz- und rauhhaarigen Vorstehhunde und erhielt durch intensive Auslese einen vielseitigen, raubzeugscharfen Jagdgebrauchshund, der alle Arbeiten vor und nach dem Schuß bestens erledigen kann. Sein derbes Haar schützt ihn weitgehend vor Verletzungen im Jagdbetrieb, und so ist auch das Stöbern in dichtem Schilfwasser für ihn kein Problem – die ideale Voraussetzung also für einen guten Wasserhund. Der Zuchtverein, der 1902 gegründet wurde, ist ständig bemüht, das hohe Leistungsniveau dieser Rasse zu halten. Dazu dient auch die alljährlich durchgeführte Hegewald-Zuchtprüfung, auf der die Besten eines Jahrgangs ihr Können unter Beweis stellen sollen. Auch im Ausland ist der Deutsch-Drahthaar inzwischen sehr geschätzt.

Größe: Schulterhöhe bis 67 cm. **Kopf:** Ziemlich lang mit breitem Schädel; Fang lang, breit und kräftig. Mittellange, hoch und breit angesetzte Behänge. Auge möglichst dunkel, Lider gut geschlossen. **Körper:** Brust breit und tief mit deutlicher Vorbrust, gut gewölbte Rippen. Bauch leicht nach hinten aufgezogen. Rücken kurz mit nur leicht abfallender Rückenlinie. Rute dem Ansatz der Rückenlinie folgend, kupiert. Eine straff anliegende Haut ohne Faltenbildung. **Haar:** Sehr hart, drahtig, anliegend mit dichter Unterwolle. Das Deckhaar soll 2–4 cm lang sein. Betonte Augenbrauen und kräftiger, möglichst harter aber nicht zu langer Bart. **Farbe:** Einfarbig dunkel- bis mittelbraun oder Braunschimmel (Abb. oben), Hellschimmel, auch Schwarzschimmel (Abb. unten) mit oder ohne Platten.

Deutsch-Stichelhaar

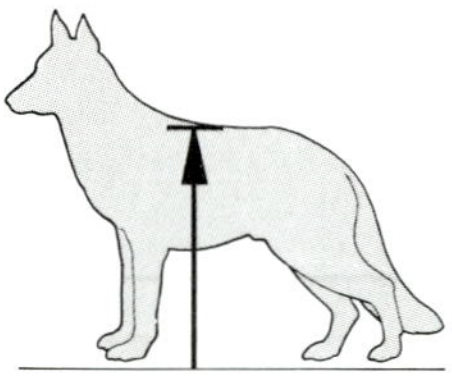

Ostfriesland ist das Hauptzuchtgebiet dieses ältesten, deutschen, rauhhaarigen Vorstehhundes, bei dem es sich um die rauhhaarige Form des sehr alten deutschen Hühnerhundes handelt. Er hieß ursprünglich »Hessischer Rauhbart«. Im Feld, Wald und Wasser erbringt er ausgeglichene Leistungen, ist raubzeug-, oft auch mannscharf. Leider ist der Stichelhaar in den letzten Jahren schon beinahe zur Seltenheit geworden.

Größe: Schulterhöhe bis 66 cm. **Kopf:** Mittelgroß, Oberkopf breit, leicht gewölbt. Fang weder zu kurz noch zu spitz. Langer, breiter, gerader Nasenrükken. Stop wenig ausgeprägt. Behang mittellang, oben nicht zu breit, unten stumpf abgerundet. Auge mittelgroß, leicht oval, braun oder heller, jedoch nicht raubvogelgelb. **Körper:** Tiefe, mäßig breite Brust, gut gewölbte Rippen. Breiter, gerader, kräftiger Rücken. Kräftiger, mittellanger Hals, im Nakken leicht gebogen, keine Wamme. Rute mittellang, an der Wurzel kräftig, gerade oder leicht aufwärts gekrümmt. Kupieren der Rute bis auf halbe Länge gestattet. **Haar:** Hart, borstenartig, mäßiger Bart, buschige Augenbrauen. **Farbe:** Grundfarbe braun und weiß. Braunschimmel mit oder ohne Platten bzw. gemantelt.

Ein Vergleich zwischen dem Deutsch-Drahthaar (s.S.91) und dem Stichelhaar (Abb. oben) mit dem Griffon (Abb. unten) macht den Unterschied zwischen diesen 3 Rassen deutlich.

Griffon

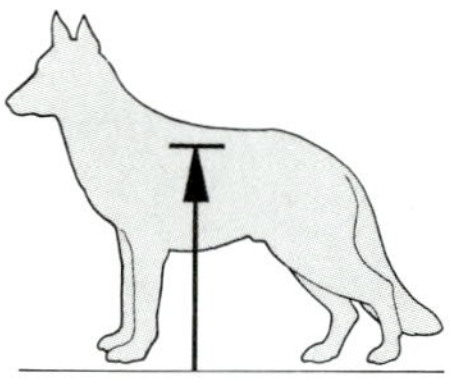

Ende vorigen Jahrhunderts züchtete der gebürtige Holländer Korthals diesen rauhhaarigen, deutschen, großen Vorstehhund, der heute als »Korthals-Griffon« weit über Deutschland hinaus bekannt und beliebt ist, besonders in Holland, Frankreich und Belgien. Charakteristisch der rechteckig wirkende Körper sowie das rauhe, harsche Haar mit ausgeprägtem Bart und starken Augenbrauen. Ein im allgemeinen unkomplizierter, leichtführiger Jagdhund, für die Arbeiten vor und nach dem Schuß gleichermaßen gut geeignet.

Größe: Schulterhöhe ca. 60 cm. **Kopf:** Nicht zu breiter Schädel, langer, quadratischer Fang, leichter Stop. Nasenrücken vorn leicht konvex gebogen. Mittelgroßer Behang, flach anliegend, nach unten zugespitzt. Großes, braunes Auge. **Körper:** Rechteckig, tiefe, flach gewölbte Brust, kräftiger Rücken, gut entwickelte Nierenpartie. Die kupierte Rute wird waagerecht oder leicht aufwärts getragen, ist rauh behaart, jedoch ohne Fahne. **Haar:** Rauh und harsch, nicht kraus oder wollig, mit dichtem, weichem Unterhaar. **Farbe:** Blaugrau, grau mit braunen Platten oder einfarbig braun, auch weiß mit braun.

Weimaraner

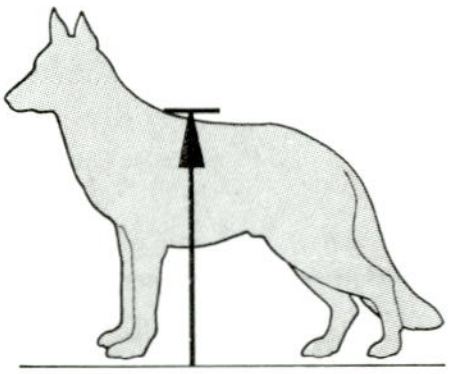

Eine sehr alte, relativ seltene deutsche Jagdhunderasse, die zu den großen Vorstehhunden gehört. Nach jetzigen Erkenntnissen entwickelte sie sich aus Bracken über Leit- und Schweißhundschläge. Heute ist das Einkreuzen anderer Vorstehhundrassen verboten. Auch lang- und kurzhaarige Weimaraner dürfen nicht miteinander gekreuzt werden. Man weiß nicht genau, ob der Name des Hundes auf seine Beliebtheit am Hof zu Weimar zurückzuführen ist. Fest steht aber, daß er im Raum Halle/Weimar häufig anzutreffen war. Auffälligstes Merkmal ist die Farbe, ein Silber-, Reh- oder Mausgrau. Er ist raubzeugscharf. Mannschärfe ist bei dieser Rasse nicht selten. Im Ausland sehr beliebt: weltweiter Einsatz bei der Jagd, im Polizei- und Schutzdienst.
Größe: Schulterhöhe bis 70 cm. **Kopf:** Mittellang, in Harmonie mit der Körpergröße, trocken, sehr geringer Stop. Leichte Vertiefung auf der Stirnmitte und leicht hervorstehendes Hinterhauptbein. Langer, beinahe kantiger Fang. Hoch und schmal angesetzte, breite Behänge, die nach unten spitz abgerundet sind. Nasenschwamm dunkelfleischfarben bis violett. Auge bernsteinfarben. **Körper:** Kräftige Muskulatur, mittellanger Hals, kräftige, nicht zu breite Brust, langer, fester, muskulöser Rücken. Rute beim kurz- und stockhaarigen Weimaraner um 4–4,5 cm, beim langhaarigen um maximal 2–3 Wirbel gekürzt. **Haar:** Kurzhaarig (Abb. oben): Kurz-fein, kurz-derb, glatt anliegendes Deckhaar mit wenig oder keiner Unterwolle. Stockhaarig: Mittellanges, dichtes, glatt anliegendes Deckhaar mit dichter Unterwolle, nicht stark ausgebildeten Federn und Hosen. Langhaarig: Weiches, langes Deckhaar mit oder ohne Unterwolle, guten Federn und Hosen und mit gut ausgeprägter Fahne an der Rute. **Farbe:** Silber-, reh- oder mausgrau sowie Übergänge zwischen diesen Farbtönen, wobei Kopf und Behang oft etwas heller sind. Nur kleine weiße Abzeichen an Brust und Zehen gestattet.

Irish-Setter

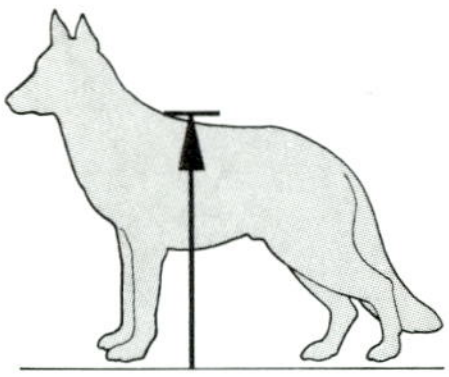

Beim Irish-Setter handelt es sich um die älteste Setter-Rasse. Er war früher weiß-rot wie einer seiner Vorfahren, der Welsh-Springer-Spaniel. Dieser Vorstehhund besitzt in seiner irischen Heimat auch heute noch hohe jagdliche Qualitäten. In England ist er überwiegend zum Ausstellungshund geworden. Seit 1991 gibt es in Deutschland eine zweite Zuchtlinie, den Irish-Red-and-White-Setter, der nicht mit der anderen Linie gekreuzt werden darf und etwas kleiner ist (Schulterhöhe bis 66 cm).
Größe: Schulterhöhe bis 70 cm. **Kopf:** Langer, kräftiger Fang, markantes Hinterhauptbein. Auge dunkel-nußbraun. **Körper:** Tiefe Brust, gut gewölbte Rippenpartie. Rute lang, mit schwerer, zur Spitze verjüngter Fahne. **Haar:** Nicht gewellt, fein, am Körper anliegend, mit langen Fransen an der Oberseite der Behänge, an Kehle, Brust und Läufen. **Farbe:** Einfarbiges, dunkles Mahagonirot oder leuchtendes Kastanienrot mit goldenem Schimmer. Weißer Brustfleck, weiße Ballenspitze, kleiner weißer Stern auf Stirn gestattet.

English-Setter

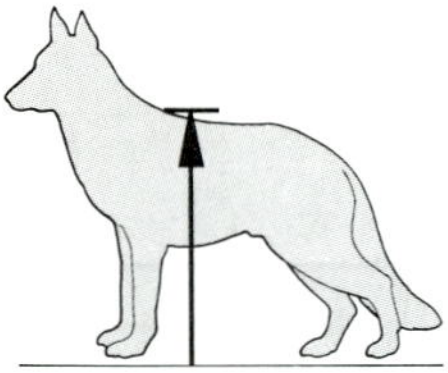

Der freundliche und sehr anhängliche English-Setter ist ein Feldspezialist, der von den Setter-Rassen den reizvollsten Suchenstil zeigt. Man nennt ihn oft auch »Laverack-Setter« nach dem bekannten English-Setter-Züchter Edward Laverack, in dem man den eigentlichen Schöpfer dieser Rasse mit dem langen, seidenähnlichen, weißen Haar und dem typischen Belton-Muster sieht. Mit seinem Buch »The Setter« hat er einen interessanten Beitrag zur fachspezifischen Literatur geleistet. Llewellin, ein weiterer bekannter Züchter dieser Rasse, soll hier ebenfalls erwähnt werden, denn er legte bei seiner Zucht weit mehr Wert auf die jagdlichen Fähigkeiten als auf Schönheit. Er mischte Laverack-, Gordon- und Irish-Setterblut und erzielte damit große Erfolge.
Der English-Setter zeigt aber nicht allein nur sehr gute Leistungen im Felde, sondern ist auch ein ausgezeichneter Wasserhund. Hier sollte man jedoch Vorsicht walten lassen, denn der English-Setter besitzt keine schützende Unterwolle. Während der kalten Jahreszeit ist er deshalb auch nicht für die Wasserarbeit geeignet.
Größe: Schulterhöhe 68 cm. **Kopf:** Lang, trocken, ausgeprägter Stop. Fast rechteckiger Fang. Auge dunkle Haselnußfarbe. **Körper:** Tiefe Brust, gut aufgerippt, kurzer, gerader Rücken. Rute mäßig lang mit schöner Fahne. **Haar:** Vom Hinterkopf an leicht gewellt, lang, seidig. Oberschenkel der Hinterläufe und Vorderläufe bis zu den Pfoten gut befedert. **Farbe:** Weiß mit schwarzen, gelben, braunen oder orangefarbigen Tupfen (auch dreifarbig).

Gordon-Setter

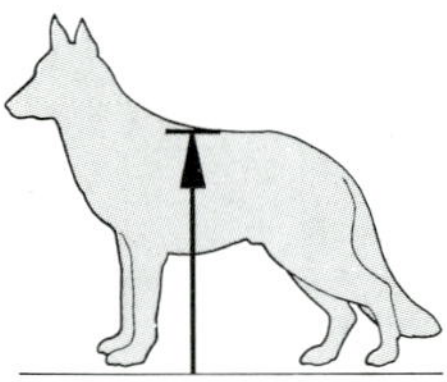

Er ist der Setter Schottlands und wurde nach einem seiner bekanntesten Züchter, Herzog Alexander von Gordon, benannt. Ein typischer »Ein-Mann-Hund« mit großer Reserviertheit gegenüber Fremden. In Schottland wird er gern von den Berufsjägern geführt. Er arbeitet auch in schwierigem Gelände sehr gut, zeigt viel Wasserpassion und ist für Nachsuchen geeignet. Um die Jahrhundertwende gelangten die ersten Gordon-Setter nach Deutschland und erfreuten sich besonders im süddeutschen Raum großer Beliebtheit.
Größe: Schulterhöhe ca. 66 cm. **Kopf:** Schädel leicht abgerundet mit deutlichem Stop. Ziemlich langer Fang, Behänge tief angesetzt. Auge dunkelbraun. **Körper:** Tiefe Brust, nicht zu breit, verhältnismäßig kurzer, gerader Rücken. Rute ziemlich kurz mit fein auslaufender Spitze und hübscher Fahne. **Haar:** Mittellang, glatt anliegend, möglichst wenig gelockt oder gewellt. **Farbe:** Glänzendes Schwarz mit kastanienfarbigem Brand als Markierung über den Augen, am Fang, an Kehle und Brust und an den Läufen.

Pointer

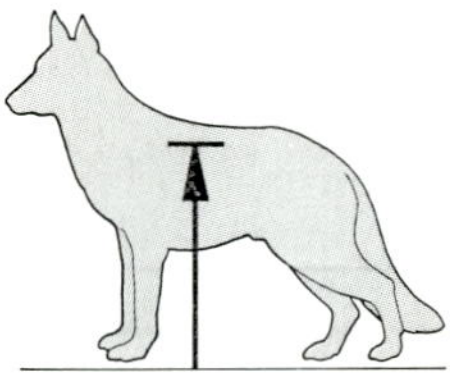

Vermutlich stammt der Pointer nicht aus England, sondern aus Spanien, doch ist es den für züchterisches Geschick bekannten Engländern zu verdanken, daß dieser feinnasige Vorstehhund überall als absoluter Feldspezialist geschätzt wird. Jeder Vorstehhundrasse ist irgendwann einmal Pointerblut zugeführt worden. In England hat der Pointer nur eine spezielle Aufgabe, nämlich auf Feld, Heide und Hochmoor die Feldhühner und das Moorhuhn für den Jäger zu suchen und vorzustehen. Dafür werden flüchtige, weitsuchende Hunde mit sehr guter Nase und festem Vorstehen gebraucht. Der Pointer leistet hier Hervorragendes. Für die Arbeit nach dem Schuß setzt man in England andere Jagdhunde – wie z.B. den Retriever – ein, denn man will, daß der Pointer stets mit hoher Nase sucht und sie gar nicht erst auf den Boden zu richten beginnt. Zwischen 1832 und 1837 kamen die ersten Pointer nach Deutschland und erregten unter der Jägerschaft großes Aufsehen. Deutsche Jäger sind bemüht, auch diesen Hund auf Vielseitigkeit zu züchten, ohne daß er dadurch seine bestechenden Feldhundeigenschaften verliert. Er wird von ihnen also auch für die Arbeit nach dem Schuß eingesetzt.

Größe: Schulterhöhe ca. 60 cm. **Kopf:** Trockener Schädel mit ausgeprägtem Stop, markantes Hinterhauptbein. Fang betont viereckig, leicht aufgeworfene Nase, hochangesetzte Behänge. Auge haselnußbraun oder dunkler. **Körper:** Breite, tiefangesetzte Brust, abfallende Rückenlinie, mittellange, zur Spitze verjüngte Rute. **Haar:** Kurz, glatt und glänzend. **Farbe:** Weiß mit gelben, orangefarbenen, braunen oder schwarzen Platten und Tupfen. Einfarbig oder dreifarbig gestattet, doch selten.

Pudelpointer

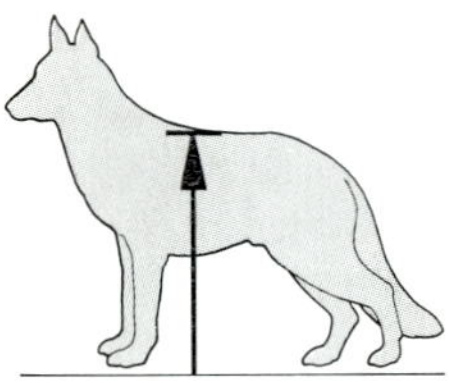

Freiherr von Zedlitz (Hegewald) hatte um die Jahrhundertwende die Idee, aus Pointer- und Pudelblut einen rauhhaarigen Vorstehhund zu züchten, der vom Pointer (engl. schwerer Schlag) Körperbau, Feinnasigkeit, Ausdauer und die Vorstehanlage, vom Pudel (Königspudel) das rauhe Haar, Bring- und Wasserfreude sowie die große Gelehrigkeit besitzen sollte. 1881 fiel der erste Wurf, der schon weitgehend den züchterischen Vorstellungen entsprach. Diesem »Urstamm« wurde neues Pointerblut zugeführt. Weitere Urstämme aus Pudel und Pointer folgten und schon bald fiel diese neue Rasse durch besondere Leistungen auf Prüfungen wie in der Jagdpraxis auf. Es wird Reinzucht nach Form und Leistung betrieben.

Größe: Schulterhöhe 60–65 cm. **Kopf:** Mittellang, breit, rauh behaart, Bart und Augenbrauen stark. Langer, breiter Fang, tiefer Stop. Behänge mittelgroß, gut behaart, eher spitz als abgerundet. Auge dunkle Bernsteinfarbe, Lidränder fest geschlossen. **Körper:** Breite, tiefangesetzte Brust, kurzer, strammer Rücken, Kruppe geradlinig mit der kupierten Rute. **Haar:** Mittellang, dicht und drahtig. **Farbe:** Dunkelbraun bis dürrlaubfarben oder schwarz. Kleine weiße Abzeichen zulässig.

Kleiner Münsterländer

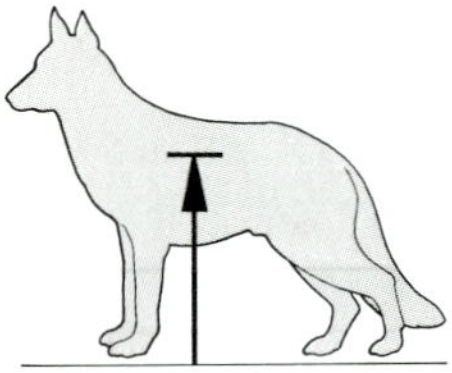

Auf Gemälden niederländischer Maler des Mittelalters findet man bereits diese sehr alte Rasse, die bei der Beizjagd mit Sperber und Habicht verwendet wurde. Bevor man ihn um die Jahrhundertwende im Münsterland neu entdeckte, war dieser Vorstehhund unter den Namen Habicht- oder Vogelhund bekannt. Er wurde auch Heidewachtel genannt. Diesen Namen verwendete man später dann aber nicht mehr, weil es dadurch häufig zu Verwechslungen mit dem Deutschen Wachtel kam, der ein Stöberhund und eben kein Vorstehhund ist. Ein kleiner, sehr wachsamer Universalhund, der sich durch viel Wasserpassion, Bringfreude und Raubzeugschärfe auszeichnet.
Größe: Schulterhöhe ca. 56 cm. **Kopf:** Langgestreckt, trocken, Oberkopf nicht zu breit mit geringem Stop. Kräftiger Fang, brauner Nasenschwamm. Breiter, hoch angesetzter Behang, dunkelbraunes Auge. **Körper:** Tiefe Brust, fester, mittellanger Rücken mit breiter Nierenpartie. Mittellange Rute mit kräftiger Fahne, die im letzten Drittel leicht nach oben gekrümmt sein kann. **Haar:** Mittellang, wenig gewellt, fest anliegend, Vorderläufe befedert, Hinterläufe behost. **Farbe:** Weißbraun mit Platten oder Mantel, schimmelfarben, oft lohfarbene Abzeichen an Fang, Auge und Waidloch.

Großer Münsterländer

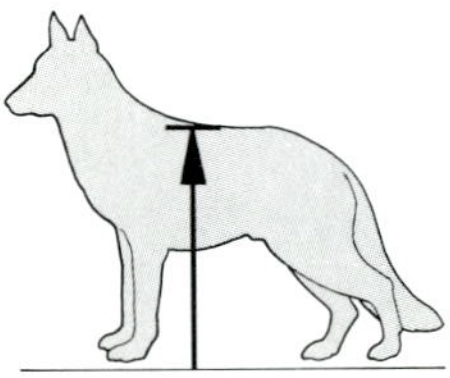

Der große schwarz-weiße Münsterländer Vorstehhund gehört zwar zu den jüngsten deutschen Vorstehhundrassen, ist aber praktisch eine Farbvariation des schon sehr alten langhaarigen deutschen Vorstehhundes. Beim Deutsch-Langhaar waren anfangs die Farben braun, braun-weiß und schwarz erlaubt. Dann aber hegte man den unbegründeten Verdacht, daß die schwarze Farbe durch Einkreuzen von Neufundländer- oder Gordonsetterblut entstand. Deshalb wurde ab 1908 die schwarze Farbe nicht mehr gestattet und es blieben nur wenige schwarz-weiße Hunde übrig. Einige engagierte Züchter nahmen sich nun gerade dieser Tiere an, und 1919 wurde ein Verein für die Reinzucht des großen, schwarz-weißen, langhaarigen Münsterländers gegründet. Ein Zuchtbuch wird seit 1923 geführt. Diese Rasse hat mit seinen Anhängern zwar nie Rekordzahlen erreichen können, behauptet sich aber recht gut. Die Arbeit unter der Flinte und nach dem Schuß ist bei diesem sehr wachsamen, anhänglichen und führigen Jagdgebrauchshund ganz besonders zu erwähnen. Seine Heimat ist – wie der Name bereits sagt – das Münsterland.
Größe: Schulterhöhe ca. 65 cm. **Kopf:** Langgesteckt mit geringem Stop. Kräftiger, langer Fang, Scherengebiß, dunkles Auge. **Körper:** Tiefe Brust mit deutlicher Vorbrust. Kurzer, fester, gerader Rücken mit sanft abfallender Kruppe. Rute um 1–2 cm gekürzt, meist waagerecht oder leicht aufwärts getragen. **Haar:** Lang, dicht, Vorder- und Hinterläufe befedert, ausgeprägte Befahnung der Rute, gute Befransung der Behänge. Haar am Kopf kurz, anliegend. **Farbe:** Weiß mit schwarzen Platten und Tupfen oder schwarz geschimmelt. Kopf schwarz, auch mit weißer Schnippe oder Blesse.

Épagneul Breton, Bretonischer Vorstehhund

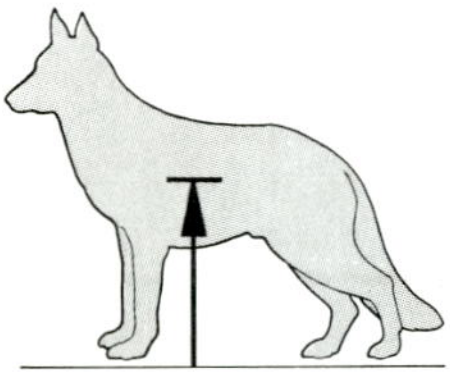

Der in Frankreich sehr beliebte, kleinste europäische Vorstehhund hat in den letzten Jahren auch bei den deutschen Jägern und Falknern Anklang gefunden. Ein temperamentvoller Jagdhund mit feiner Nase, viel Findewillen, Bring- und Wasserfreude, der eine schnelle, weite Suche mit festem Vorstehen zeigt. Sein glattes, wasserabstoßendes Haar macht ihn zum geeigneten Hund für Watten- und Entenjagden. In Sumpf und Morast kommen ihm seine Wendigkeit und sein geringes Gewicht zugute. Er ist kein Schweißhund, vermag aber bei einem guten Führer auch hier Brauchbares zu leisten. Der Bretone ist eine in der Bretagne entstandene Rasse. Später soll Blut vom Setter, Welsh-Springer und Pointer eingekreuzt worden sein.

Größe: Schulterhöhe 46–51 cm. **Kopf:** Mittellanger Schädel, deutlicher Stop, Fang kürzer als die Schädel-Längsachse. Behänge hoch angesetzt und eher kurz als lang, leicht gerundet. Auge dunkelbernsteinfarben. **Körper:** Mittellanger Hals, gut von den Schultern abgesetzt, keine Wamme. Tiefe, ausreichend breite Brust. Kurzer Rücken, Kruppe leicht abfallend. Kurze Naturstummelrute oder Rute auf maximal 10 cm kupiert. **Haar:** Fein, glatt anliegend, bisweilen ganz leicht gewellt. **Farbe:** Weiß/orange, weiß/kastanienbraun, weiß/schwarz, geschimmelt, in abgegrenzten Farben oder dreifarbig. Weiß an den Behängen gilt als Fehler.

Braque Français, Französische Bracke

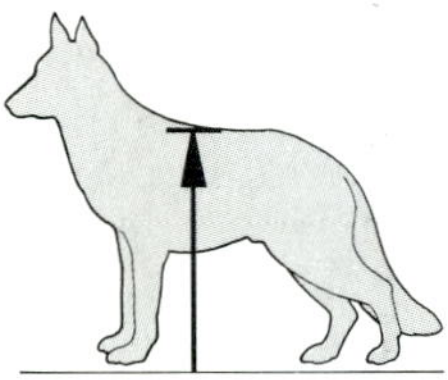

Die Braque Français soll hier Beachtung finden, weil sie als älteste Rasse aller Vorstehhunde gilt, die sich von den Pyrenäen aus über weite Teile des Kontinents verbreitet haben soll. Über ihre Entstehungsgeschichte herrscht keine Einigkeit. Von einigen Naturforschern wird behauptet, daß Italien als Ursprungsland für diesen kurzhaarigen Vorstehhund anzusehen sei, wo sich Laufhunde mit dem Molosser paarten. Andere wieder vertreten die Meinung, diese Rasse stamme aus Spanien.

Größe: Schulterhöhe 56–65 cm. **Kopf:** Ziemlich groß, doch nicht zu schwer. Schädel flach oder leicht gewölbt mit schwacher Mittelstirnfurche und geringem Stop. Hinterhauptbein wenig betont. Recht breiter, langer Fang, Nasenschwamm braun. Behang mittellang, auf Augenhöhe angesetzt, leicht gefältelt, an der Spitze abgerundet. Auge dunkelbraun oder dunkelgelb. **Körper:** Gestreckt mit breiter, tiefer Brust und breitem, geradem Rücken. Rute meist kupiert, obwohl lange sowie von Geburt her kurze Rute kein Fehler. **Haar:** Kurz, grob und dicht, an Kopf und Behang feiner. **Farbe:** Weiß mit kastanienbraunen Sprenkeln und Flecken.

Vizsla, Ungarischer Kurzhaar

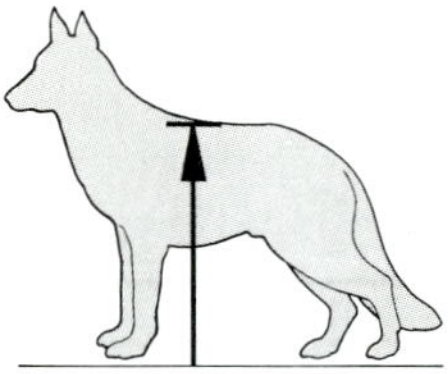

Vizsla bedeutet »Spürhund«. Seine Entwicklung ging vom Hetzhund der zu Pferd jagenden Nomaden über den Spürhund zum Vorstehhund. Während der Türkenbesetzung wurde der sandgelbe, türkische Vorstehhund eingekreuzt. Schneller geworden ist der Vizsla dann durch den zu seinen Ahnen gehörenden Sloughi. Ab 1880 haben Berufsjäger an den Adelshöfen den Deutsch-Kurzhaar, den Pointer und den Hannoverschen Schweißhund eingekreuzt. Der Ungarische Kurzhaar hat auch unter deutschen Jägern Freunde und Anhänger gefunden, zumal er in der Regel recht leichtführig ist. Seit einigen Jahren kann man ihm bei uns schon recht oft begegnen. Während er bei grober, unsachgemäßer Behandlung empfindlich reagiert, kann ein guter, einfühlsamer Führer ihn zu Meisterleistungen in allen jagdlichen Fächern bringen. Beim Vorstehen, Verlorenbringen und auf der Rotfährte kommt die feine Nase dieses Jagdhundes besonders zur Geltung.

Größe: Schulterhöhe 56–61 cm (Abweichung um ±4 cm zulässig). **Kopf:** Trocken, mäßig breit, leicht gewölbt. Mäßiger Stop, gerader Nasenrücken, brauner Nasenschwamm. Kräftiger, stumpf endender Fang, etwas länger als der Schädel. Behang ziemlich lang mit abgerundeten Enden, eng anliegend. Augenfarbe und Haarfarbe stimmen harmonisch überein. **Körper:** Nicht quadratisch, sondern etwas länger. Kräftiger, muskulöser Hals ohne Wamme. Mittelbreite Brust, markanter Widerrist, kurzer, gerader Rücken, hinter der festen Lendenpartie leicht zum Rutenansatz abgerundet. Rute meist um ¼ bis ⅓ kupiert, lange Rute kein Fehler. **Haar:** Kurz, dicht anliegend und rauh. **Farbe:** Variiert von Semmelgelb in verschiedenen Nuancen der Sandfarben bis rostfarbig.

Drahthaariger Vizsla, Ungarischer Drahthaar

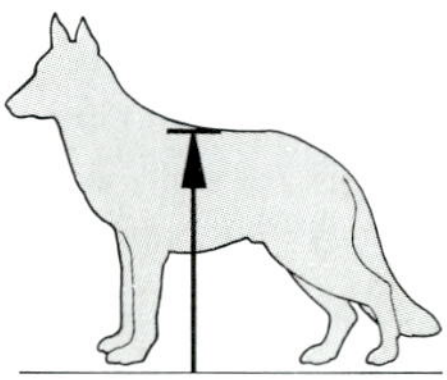

Durch Kreuzung des Vizsla mit dem Deutsch-Drahthaar entstand um 1930 der sandgelbe Ungarische Drahthaar, der im Wesen dem Ungarischen Kurzhaar ähnelt, aber etwas größer ist, von stärkerem Knochenbau mit wetterhartem Haar. Ziel des Zuchtvereins ist die weitere Homogenisierung von Form und Haar sowie Förderung der Schärfe. Auch in Deutschland ist dieser Jagdhund vertreten, wenngleich viel seltener als der Ungarische Kurzhaar.

Größe: Schulterhöhe 58–62 cm (±3 cm Abweichung zulässig). Außer dem stärkeren Knochenbau die gleichen Körpermerkmale wie beim Ungarischen Kurzhaar. **Haar:** 3–4 cm lang, dicht, wetterhart. Augenbrauen und Bart erwünscht. **Farbe:** Sandgelb bis rostfarbig.

Bayerischer Gebirgsschweißhund

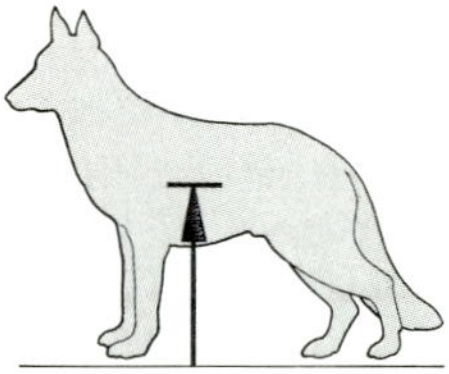

Für das Hochgebirge suchte man einen wendigen Schweißhund, der Ausdauer und viel Schneid besitzen sollte, für den das Klettern und Steigen keine Mühe bedeutet, der laut hetzt und den man sowohl auf Rotwild wie auch auf Gams und Rehwild einsetzen könnte. All diesen Anforderungen wurde eine verhältnismäßig junge Rasse gerecht, die aus der Kreuzung des Hannoverschen Schweißhundes mit den bodenständigen Hochgebirgsbracken entstand und 1883 die Bezeichnung »Bayerischer Gebirgsschweißhund« erhielt.

Größe: Schulterhöhe bis 50 cm. **Kopf:** Ziemlich breiter Oberkopf, flach gewölbt, Fang nicht zu lang und nicht zu spitz. Behänge etwas über mittellang, hoch und breit angesetzt und unten abgerundet. Dunkelbraunes oder helleres Auge. **Körper:** Mittellanger, kräftiger Hals, tiefe, nicht zu breite Brust. Nicht zu kurzer, sehr kräftiger Rücken. Mittellange Rute horizontal oder abwärts getragen. **Haar:** Dicht, glatt anliegend, mäßig rauh und wenig glänzend. **Farbe:** Alle Schattierungen von tiefrot bis semmelfarben, auch gestromt oder dunkel gestichelt.

Hannoverscher Schweißhund

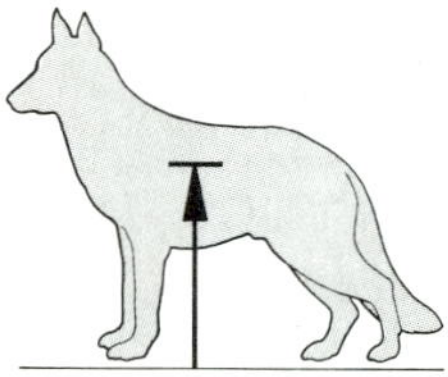

Durch Kreuzung der schweren Leitbracke mit der leichteren, roten Haidbracke ist dieser Schweißhund, ein Spezialist im Hochwildrevier, entstanden. Während sich die Arbeit vor dem Schuß auf das Bestätigen und Lancieren eines einzelnen Hirsches oder eines starken Keilers – aber niemals eines Rehes – beschränkt, besteht die Aufgabe des großen, schweren, sehr ruhigen Schweißhundes heute hauptsächlich in der Arbeit nach dem Schuß auf der kalten Wundfährte. Entsprechend den hohen Anforderungen wird konsequente Leistungszucht betrieben.

Größe: Schulterhöhe 50–55 cm. **Kopf:** Breiter Oberschädel, flach gewölbt, Stirn leicht faltig. Kräftiger, langer Fang (etwa die Hälfte des Kopfes). Nasenrücken leicht gewölbt oder fast gerade; breiter Nasenschwamm. Behänge hoch und breit angesetzt, glatt, unten stumpf abgerundet. Dunkelbraunes Auge. **Körper:** Lang; Brust mehr tief als breit, langer, starker Hals, kräftiger Rücken. Rute hoch angesetzt, lang, etwas gebogen, zur Spitze verjüngt. **Haar:** Kurz, dicht, derb bis harsch. **Farbe:** Hell bis dunkelhirschrot, mehr oder weniger stark gestromt, mit und ohne Maske.

Alpenländisch-Erzgebirgler Dachsbracke

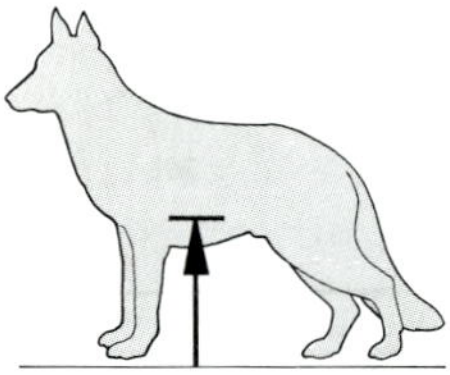

Erst Ende vorigen Jahrhunderts wurde für den von Bergjägern schon immer gern geführten kleinen Hund die Bezeichnung »Dachsbracke« geprägt. Die Tiermaler Otto Grashey und Ludwig Beckmann setzten sich mit dafür ein, daß die aus segurischen Bracken durch Selektion entstandene Rasse anerkannt und erhalten blieb. Ein sehr robuster, kleiner Jagdhund, für den strenge Zuchtvorschriften gelten und der sich durch feine Nase, großen Spurwillen, sicheres und spurlautes Jagen auszeichnet. Da schwieriges Gelände für ihn kein Problem ist, erfüllt er alle Voraussetzungen, dem Bergjäger als Schweißhund zu dienen.

Größe: Schulterhöhe 34–42 cm. **Kopf:** Leicht gewölbter, eher flacher Hirnschädel, gerader Nasenrücken, deutlicher Stop; etwas keilförmiger, nicht spitziger Fang. Auge mittelgroß, dunkelbraun. Der mehr nach hinten angesetzte, abgerundete, breite und lange Behang fällt glatt herab. **Körper:** Hals mäßig lang, muskulös mit leichter Kehlhaut. Brust lang und breit mit betonter Vorderbrust. Rücken gerade, kräftig bemuskelt. Lendenpartie kurz und breit. Kruppe nicht zu lang, nur wenig abfallend. Bauch etwas aufgezogen. Mittellange Rute, an der Wurzel etwas stärker als am Ende, mit mäßiger Bürste. **Haar:** Derbes Stockhaar, sehr dicht mit dichter Unterwolle. **Farbe:** Dunkelhirschrot oder dunkelhirschrot mit leichter schwarzer Stichelung und Gesichtsmaske, schwarz mit rostrotem Brand, hirschrot ohne oder mit leichter schwarzer Stichelung. Weiße Abzeichen sind unerwünscht. Nicht erlaubt ist schwarz ohne Brand, schokoladenfarben und mausgrau.

Brandlbracke

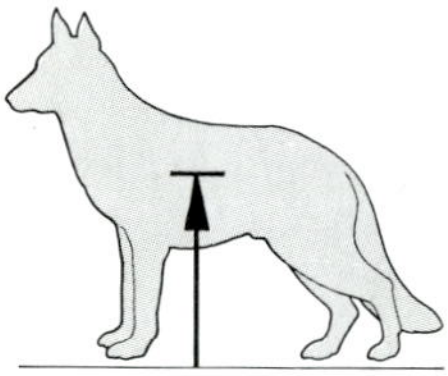

Österreich gilt als Heimatland der Brandlbracke, die wegen ihrer gelb bis hirschroten Tupfer über den Augen auch »Vieräugl« genannt wird. Sie stammt von den alten Alpenbracken – auch Wildbodenhunde genannt – ab, die vor mehr als 100 Jahren noch etwas bunter aussahen. Sie hatten weiße Abzeichen an Brust, Hals, Läufen und Rutenspitze. Reste dieser Abzeichen (Brakkenstern) kann man auch heute noch sehen, sie verlieren sich aber meist im Laufe des Welpenwachstums. Die Brandlbracke wird von Bergjägern als Schweißhund geschätzt, weil sie anstrengende Hetzen durchzustehen vermag und wegen ihrer sehr guten Spring- und Klettereigenschaften für das steile und schroffe Gelände im Gebirge besonders geeignet ist.

Größe: Schulterhöhe 46–52 cm. **Kopf:** Oberkopf breit, sich zur Fangspitze hin stark verjüngend, schwach ausgebildetes Hinterhaupt. Behang mittellang, hoch angesetzt, abgerundet; Auge dunkelbraun bis hellbraun. **Körper:** Langgestreckt, Hals mittellang und kräftig. Brust breit und tief, Bauch etwas hochgezogen. Leichte Senkung des Rückens hinter den Schulterblättern. Lange, leicht gebogene Rute. **Haar:** Dicht, fest anliegend und glänzend. **Farbe:** Schwarz mit gelbem bis hirschrotem Brand über den Augen, am Fang, an Brust und Läufen. Kleine weiße Abzeichen an Pfoten und Brust sind erlaubt.

Sauerländer Dachsbracke

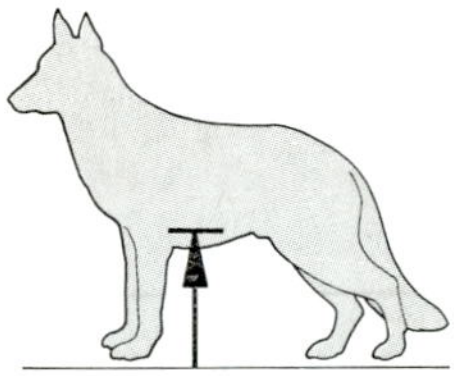

Die Sauerländer Dachsbracke gehört mit zu den ältesten Jagdhunderassen. Wie der Name bereits sagt, ist die Hauptaufgabe dieser Rasse das Brackieren, d.h. das Verfolgen des Hasens, den der Hund nicht sieht, sondern ausschließlich mit seiner Nase der Witterung auf der Hasenspur folgt. Dabei stellt er dem Hasen solange nach, bis dieser zu seinem Ausgangspunkt wieder zurückkehrt. Dies ist heute aber in der Bundesrepublik wegen der verhältnismäßig kleinen Reviere nur noch in geringem Maße möglich, denn die Bracke würde dabei die Reviergrenzen überjagen. Beim Ausarbeiten der Hasenspur gibt die Bracke einen hellen Laut. Jagen nun mehrere Bracken zusammen als Meute, so spricht man vom »Geläut« der Bracken.
Größe: Schulterhöhe 35–38 cm. **Kopf:** Schädel schmal und ziemlich lang, wenig Stop; Fang schmal, verhältnismäßig lang. Behang breit und mittellang; Auge mandelförmig, dunkel. **Körper:** Mittellanger, starker Hals mit Kehlhaut; schmale, nicht zu tiefe Brust. Bauch leicht hochgezogen, Rute lang, dick. **Haar:** Dicht, langes Stockhaar. **Farbe:** Rotgelb, gelb, grau, schwarz, schwarz mit dunkelgrau oder gelb, rehfarben oder goldgestromt. Weiß meist als durchgehende Blesse, Halsring, an der Brust, Läufen und Rutenspitze, oft auch weiter über den ganzen Körper.

Deutsche Bracke

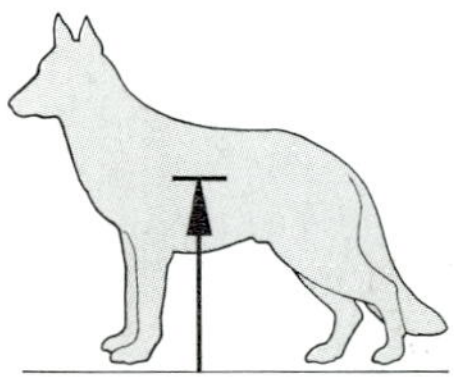

Die hochläufige Deutsche Bracke war früher unter dem Namen »Olper Bracke« bekannt. Sie ist, wie die Sauerländer Dachsbracke, eine sehr alte Jagdhundrasse, die sich durch eine besonders feine Nase auszeichnet. Ihre Hauptaufgabe ist das Brackieren, wobei sie wegen ihrer höheren Läufe noch eine größere Geschwindigkeit beim Verfolgen erreicht. Die Deutsche Bracke erfreut sich im Ausland großer Beliebtheit und wird fast überall auf der Welt geführt.
Größe: Schulterhöhe 45–53 cm. **Kopf:** Gestreckt, trocken, schmaler Schädel, langer Fang, etwas schmaler als der Schädel, wenig Stop, Behang recht lang, breit, flach; Auge braun. **Körper:** Hals mittellang, stark; recht tiefe Brust, leichte Rippenwölbung, Rücken gerade; Rute lang und dick. **Haar:** Als kurzes Haar relativ lang, dicht und grob. **Farbe:** Wie bei der Sauerländer Dachsbracke.

Beagle

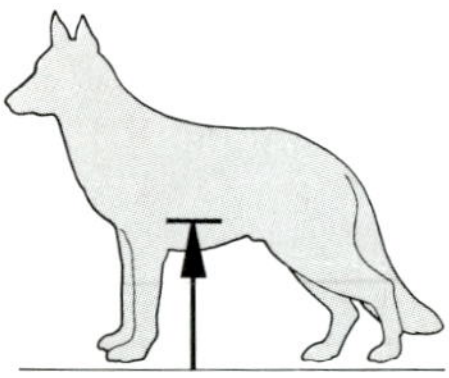

Der Urahn aller Beagle soll aus der Kreuzung von Southern Hound und Talbot hervorgegangen sein – also eine sehr alte Rasse. Dieser kleinste englische Laufhund wurde in England in Meuten gehalten und für die Jagd auf Hase und Kanin eingesetzt. Zu dem bereits 1845 gegründeten, in der Gegend um Liverpool jagenden »Royal Rock Pack« gehören z.B. heute noch ständig 40 Hunde. Aber auch als Begleithund war der Beagle in England schon immer beliebt. In Deutschland hat er allerdings erst um 1970 herum als freundlicher, an allem interessierter Hund mit mehr oder weniger »dickem Schädel« Einzug gehalten, und obwohl sich der Zuchtverein ständig bemüht, die jagdlichen Eigenschaften dieser Rasse nicht verkümmern zu lassen, wird der Beagle bisher von deutschen Jägern nur äußerst selten als Jagdhund verwendet.

Größe: Schulterhöhe nicht über 41 cm und nicht unter 33 cm. **Kopf:** Mäßig lang, ohne waagerechte oder zuviel senkrechte Stirnfalten. Schädel leicht gewölbt, mäßig breit mit sich abzeichnendem Hinterhauptbein, ausgeprägter Stop; nicht zu spitzer Fang. Behänge lang, unten abgerundet, tief angesetzt und mit der Vorderseite am Kopf anliegend. Auge ziemlich groß, tief dunkelbraun bis haselnußfarben; starkes Gebiß. **Körper:** Hals mittellang, etwas Kehlwamme; Brust tief und breit; gerader Rücken, kurze, gut bemuskelte Lendenpartie. Hochangesetzte, starke Rute von mäßiger Länge. **Haar:** Kurz, dicht und robust. **Farbe:** Alle Farben außer leberfarben, häufig dreifarbig. Rutenspitze muß weiß sein.

Basset Hound

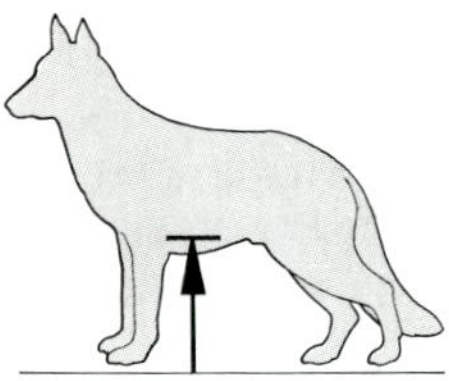

Dieser Laufhund stammt aus einer Paarung des französischen Basset Artesien Normand mit dem Bloodhound. In England wie in Amerika wird er in Meuten gehalten und hauptsächlich auf Hasenhetzjagden eingesetzt. In Deutschland ist er überwiegend als Begleithund bekannt, wird aber auch von einzelnen Jägern als Schweißhund verwendet.

Größe: Schulterhöhe bis 35,5 cm. **Kopf:** Großer, gut proportionierter Kopf. Schädel gut gewölbt, leichter Stop, lose Haut. Behänge lang, tief angesetzt. Auge braun bis haselnußfarben, Nickhaut sichtbar. **Körper:** Lang, ziemlich breite, tiefe Brust, vorspringendes Brustbein, gut gerundete Rippen, starker, gerader Rücken; lange Rute nicht kupiert. **Haar:** Kurz und glatt. **Farbe:** Alle Houndfarben gestattet.

Chien de St. Hubert, Bloodhound

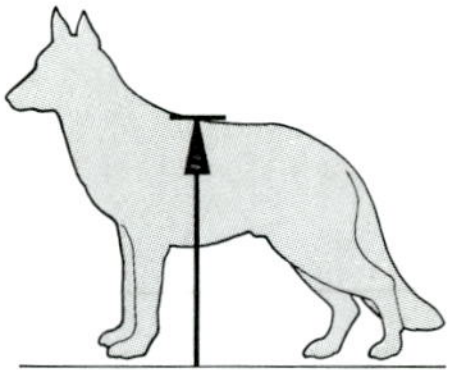

Der Chien de St. Hubert wurde jahrhundertelang im Kloster Audain in den belgischen Ardennen gezüchtet und als Schweißhund eingesetzt. Es ist den Engländern zu verdanken, daß diese Rasse erhalten geblieben ist. Die englischen Jäger nannten ihn dann Bloodhound. Für lange Zeit galten der Chien de St. Hubert und der Bloodhound als zwei sehr ähnliche, aber dennoch unabhängige Rassen. Von der Fédération Cynologique Internationale sind diese beiden Rassen zusammengefaßt worden, und obwohl heute die englischen viel mehr als die belgischen Hunde vertreten sind, hat man Belgien als Ursprungsland festgelegt.

Größe: Schulterhöhe ca. 67 cm. **Kopf:** Schmal und lang mit in Falten liegender Haut, ohne Stop; Fang schmaler als der Schädel. Behang sehr lang, tief angesetzt, dünn, in Falten hängend. Tief ausgesacktes Triefauge, dunkelhaselnußfarben. **Körper:** Langer Hals mit Wamme. Rippenkorb breit und tief; breiter, gerader Rücken, Bauch leicht aufgezogen, lange Rute. **Haar:** Kurz und verhältnismäßig hart auf dem Körper, am Kopf und am Behang weich und seidig. **Farbe:** Schwarz und lohfarben, leberfarben oder rot mit Lohfarbe oder einfarbig rot. Kleine weiße Abzeichen gestattet, jedoch nicht auf dem Kopf.

Grauer Elchhund

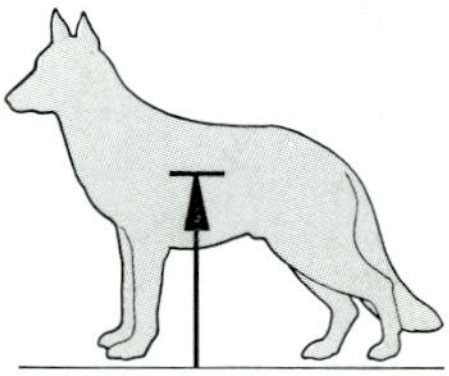

Eine sehr alte Rasse aus Norwegen. Dieser Hund fällt durch seinen verhältnismäßig kurzen Körper auf. Er ist sehr gut für die Elchjagd geeignet, die an Jäger und Hund hohe Anforderungen stellt, denn für die Jagd auf den Elch wird ein Hund gebraucht, der hart und stark genug ist, in äußerst schwierigem Gelände und bei hoher Kälte arbeiten zu können und der vor allen Dingen viel Eigeninitiative entwickelt. Eine sehr gute »Meutegemeinschaft« zwischen Hund und Hundeführer ist hier notwendig. Elchhunde wittern das Wild oder eine Fährte auf weite Entfernung. Sobald der Hund am Riemen zieht, wird er vom Jäger geschnallt und sucht nun das Wild völlig selbständig. Eine solche Jagd kann über Stunden gehen. Der Hund stellt und verbellt den Elch. Zwischendurch erscheint er immer wieder im Galopp bei seinem Herrn und meldet, verweist also. Damit hält er ständig die Verbindung zwischen Jäger und Wild, bis dieser dann irgendwann einmal endlich auf Schußweite an den Elch herankommen kann. Bei der Ausbildung des Elchhundes gilt es daher, diese angewölften Eigenschaften zu fördern und einen besonders guten, festen Kontakt zwischen Hund und Hundeführer herzustellen.

Größe: Schulterhöhe 52 cm. **Kopf:** Oberkopf leicht abgerundet, Stop nicht zu tief, mittellanger Fang, sich verjüngend, doch nicht spitz. Ohren aufgerichtet, spitz; Auge tief dunkelbraun. **Körper:** Brustkorb breit und tief, Rücken breit, gerade, Bauch wenig aufgezogen. Rute hoch über dem Rücken geringelt. **Haar:** Dicht, ziemlich lang, gerade und harsch. **Farbe:** Grau in verschiedenen Schattierungen mit schwarzen Spitzen. Unterwolle hellgrau.

Karelischer Bärenhund

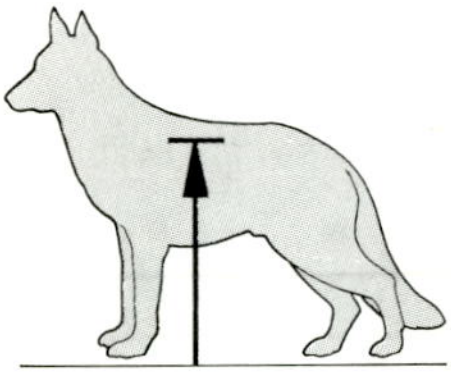

Beim karelischen Bärenhund, der mit den russischen Laiki verwandt ist, handelt es sich um einen Jagdhund für die Großwildjagd. Er gehört deshalb auch unbedingt in Jägerhände. Dieser kräftige, mutige Hund ist nur wenig länger als hoch. Sein Ursprungsland ist Finnland. Die Bärenjagd ist für den Hund außerordentlich gefährlich, denn im Kampf mit dem starken Bären helfen ihm nur seine große Wendigkeit und sehr viel Mut. Der Jäger muß seinem Hund durch den Schuß zu Hilfe kommen. Da der Bär aber heute auch in Finnland schon viel seltener geworden ist und deshalb in vielen Gebieten des Landes ganzjährig geschont wird, setzt man den Karelischen Bärenhund nunmehr überwiegend für die Jagd auf Elche ein. Es werden jährlich auch Hundeprüfungen abgehalten, wobei man den besten Hund zunächst auf Bezirks- und danach auf Landesebene ermittelt. Dieser Hund trägt dann für ein Jahr den überall sehr begehrten Titel »Elchkönig«.
Größe: Schulterhöhe 54–60 cm. **Kopf:** Kegelförmig, Schädel verhältnismäßig breit, wenig Stop. Gerade Ohren von mittlerer Größe, an den Enden ziemlich stumpf und etwas nach außen gedreht. Recht kleines, braunes Auge. **Körper:** Muskulöser, mittellanger Hals; Brust geräumig und tief, kräftiger Rücken. Mittellange Rute, geringelt. **Haar:** Gerade, straff und steif, Unterwolle dicht und weich. **Farbe:** Bräunlich-schwarz mit weißen Abzeichen.

Irish Wolfhound

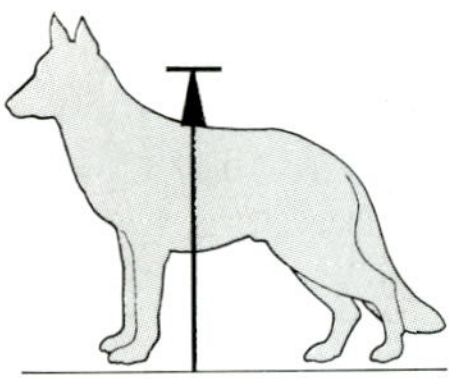

Der Irish Wolfhound, der schon im 3.Jahrhundert Erwähnung fand, gehört zu den größten Hunderassen der Welt. Man bezeichnet ihn gern als »sanften Riesen«. Das Wappen der irischen Könige zeigte Kleeblatt, Harfe und den Irish Wolfhound. Er wurde in Irland zur Jagd auf Wölfe eingesetzt und war ein sehr begehrter Hund früherer Jahrhunderte. Doch mit dem Aussterben der Wölfe geriet auch er fast völlig in Vergessenheit, bis sich Mitte des vorigen Jahrhunderts ein Captain Graham dieser Rasse annahm und ihr erneut zu Ansehen verhalf. Heute ist der Irish Wolfhound nicht nur auf den britischen Inseln, sondern auch auf dem europäischen Festland und in Amerika als Begleithund wieder gefragt. Er kann sich jedoch nur wohlfühlen, wenn er artgerecht gehalten wird (viel Lebensraum, d.h. trotz großem Garten täglich weite Spaziergänge). Im Freien zeigt er viel Bewegungsdrang, der unbedingt unter Kontrolle stehen muß, denn als Hetzhund neigt er zum Wildern.
Größe: Schulterhöhe mindestens 79 cm. **Kopf:** Lang, nicht zu breiter Schädel, sehr schwacher Stop, langer, mäßig spitzer Fang. Kleines Rosenohr, Auge dunkel. **Körper:** Hals lang, kräftig, ohne Wamme. Brust tief, breit, Rükken lang, gewölbte Lenden, hochgezogener Bauch. Rute lang, leicht gebogen. **Haar:** Rauh, hart. **Farbe:** Grau, graumeliert, gestromt, graublau, rot, schwarz, reinweiß, rotblond, gelb.

Saluki

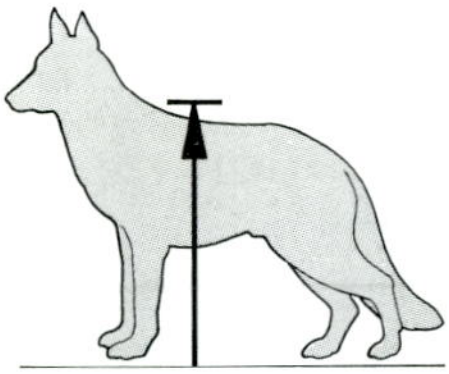

Da die Wüstenstämme ein Nomadenleben führen, erstreckt sich das Verbreitungsgebiet des Saluki vom Kaspischen Meer bis zur Sahara. Dieser elegante Windhund ist bei den Nomadenstämmen auch heute noch ein unentbehrlicher Jagdgehilfe, wird in hohen Ehren gehalten und teilt oft das Lager seines Herrn. Bei der Jagd wird er gern in den Sattel genommen, damit er flüchtiges Wild dann ausgeruht verfolgen kann. Dabei besticht seine Geschwindigkeit und sein Laufstil. Dieser Hund ist anspruchsvoll, auch hinsichtlich der Ernährung, braucht viel Liebe und Zuwendung und enorm viel Auslauf.

Größe: Schulterhöhe 58,5–71 cm. **Kopf:** Lang, schmal; flacher Schädel, mäßig breit zwischen den Ohren, Stop nur angedeutet. Auge dunkel bis haselnußfarbig, groß, oval, jedoch nicht hervortretend. Ohr lang, eng am Kopf anliegend, mit langem, seidigem Haar bedeckt. **Körper:** Hals lang, tiefe, nicht zu schmale Brust; Rücken mäßig breit mit leicht über die Lenden hinausgewölbten Muskeln. Rute lang, tief angesetzt, in natürlicher Biegung getragen, an der Unterseite mit langem, seidigem Haar befedert, jedoch nicht buschig. **Haar:** Glatt, weich, seidig. **Farbe:** Weiß, creme, rehbraun, golden, rot, grau mit gelb oder braun, dreifarbig (weiß, schwarz und gelb oder brand), schwarz mit gelb oder brand oder Variationen von diesen Farben.

Azawakh

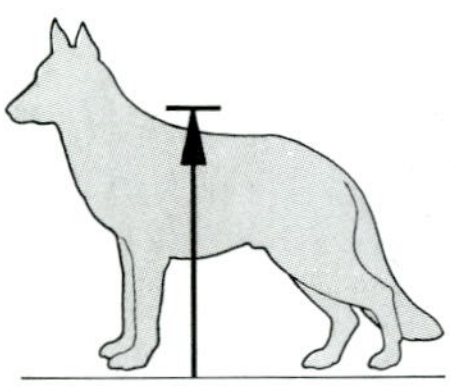

Der Azawakh ist in Afrika in der Sahelzone von Mali, Niger und Obervolta beheimatet. Am häufigsten trifft man ihn um Menaca und im Azawakh-Tal an. Für die Touaregs, Nomaden, ist er Statussymbol und wird als Wach- und Jagdhund eingesetzt. Er erreicht bei seiner Hetzjagd eine hohe Geschwindigkeit, die er lange halten kann. Der Azawakh wurde praktisch erst um 1970 in Europa bekannt. Der jugoslawische Botschafter in Mali erhielt einen Azawakh als Geschenk, kaufte sich eine Hündin dazu und gab sie in die Obhut von Frau Professor Sekalec aus Zagreb, die sich seither um die Zucht in Europa erfolgreich bemüht hat. Ein Windhund nur für den, der ihm viel Lebensraum und sehr viel Auslauf bieten kann und das Ursprüngliche liebt.

Größe: Schulterhöhe 64–74 cm. **Kopf:** Oberkopf fast flach, ziemlich langgestreckt, Stop sehr schwach; Fang lang, gerade, spitzt sich etwas zu. Auge mandelförmig, ziemlich groß, je nach Haarkleid dunkel oder bernsteinfarben. Ohr fein, eng anliegend, abgerundete Dreiecksform. **Körper:** Hals lang, fein, muskulös, keine Wamme. Brustkorb geräumig, Rippen gewölbt und sichtbar. Gerader Rücken mit gut herausragendem Widerrist, Lendenpartie kurz, Hüfthöcker deutlich sichtbar und höher als der Widerrist. Kruppe schräg ohne abzufallen. Rute lang, dünn, an der Spitze feiner als am Ansatz. **Haar:** Kurz, fein, weich. **Farbe:** Sandweiß bis braun, alle Farbnuancen von gelb bis rot. Es gibt schwarze Schattenmasken. Leichte weiße Blesse am Kopf erlaubt. Weißer Brustfleck und weiße Rutenspitze erforderlich. Weiß an allen Läufen sehr erwünscht. Spuren von weiß auf jeder Pfote obligatorisch.

Greyhound

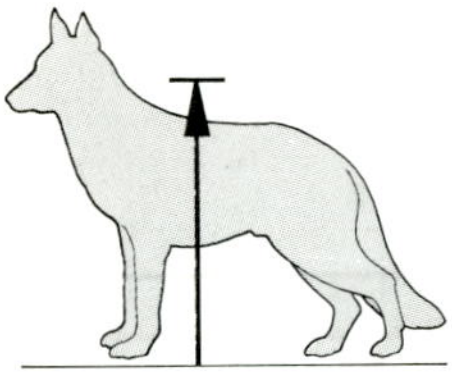

Wie unterschiedlich auch die Ansicht der Experten über die Entstehung der Windhunde sein mag, sicher ist jedenfalls, daß sie zu den ersten Rassen gehörten, die vom Menschen für die Jagd abgerichtet wurden. Beim Greyhound handelt es sich um eine sehr alte, vermutlich sogar um die älteste Windhundrasse. Er soll ca. 375 v. Chr. von den Kelten nach England gebracht worden sein. Nach Meinung der Universität Oxford ist das Wort »Grey« keltischen Ursprungs und heiße »Hund«. Die Verdoppelung in »Greyhound« bedeute daher »der Hund«. Bereits aus der Malerei des 14. Jahrhunderts sind viele Gemälde bekannt, die einen Greyhound mit seinem fürstlichen Besitzer zeigen. Dieser Hund ist im Hause sehr ruhig, aber er verkümmert, wenn ihm keine Gelegenheit geboten wird, seinem Bewegungsdrang nachzugeben. Deshalb sollte er an Windhundrennen teilnehmen.

Größe: Schulterhöhe 71–76 cm. **Kopf:** Lang und mäßig breit. Langer, kräftiger Fang, leichter Stop. Kleine, feine Rosenohren, dunkles Auge. **Körper:** Langer, muskulöser Hals; tiefer, geräumiger Brustkorb, Rippen gut gewölbt, Rücken ziemlich lang und breit, kräftige Lenden. Die lange Rute wird leicht gebogen und hängend getragen. **Haar:** Fein, dicht, flach anliegend. **Farbe:** Schwarz, weiß, rot, blau, bräunliches Rotgelb, sandfarben, gestromt oder jede dieser Farben mit Weiß.

Afghane

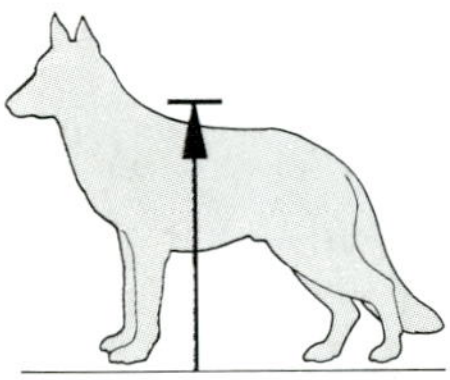

In seinem Heimatland Afghanistan kennt man den hochbeinigen, wenig behaarten Schlag in der weiten Hochfläche sowie den kleineren, dichter behaarten Bergafghanen. Hier ist dieser Hund noch Gebrauchshund, der hauptsächlich für die Hetze auf Steinwild verwendet wird, das er im unwegsamen Gebirge oft kilometerweit mit viel Ausdauer und großem Geschick verfolgt. Er wird aber auch zum Bewachen und Hüten eingesetzt. 1932 wurde die Rasse erstmals in Deutschland vorgestellt. Heute ist der Afghane in Europa und Übersee beliebter Modehund, dem als Jagdersatz Windhundrennen bzw. Hetzen an künstlichem Wild geboten wird. Auf diese Weise kann er sich richtig auslaufen und seinem Hetztrieb folgen, was für sein Wohlbefinden erforderlich ist. Der Afghane gehört gewiß nicht zu den leichtführigen Hunden. Wer nicht große Geduld und Güte aufzubringen vermag, wer hinsichtlich des Gehorsams seines Hundes keinerlei Probleme haben möchte, der sollte auf alle Fälle von der Anschaffung eines Afghanen Abstand nehmen.

Größe: Schulterhöhe bis 73,5 cm. **Kopf:** Schädel lang, nicht zu schmal; langer, kräftiger Fang, geringer Stop. Ohr tief angesetzt, am Kopf anliegend mit langem, seidigem Haar bedeckt. Auge fast dreieckig, vorzugsweise dunkel. **Körper:** Hals lang und stark; tiefe Brust, gute Rippenwölbung. Gerader, mittellanger Rücken; Rute nicht zu kurz, tief angesetzt, in einem Ringel endend. **Haar:** Sehr lang, fein und seidig, im Gesicht kurz und dicht. **Farbe:** Alle Farben zugelassen.

Barsoi

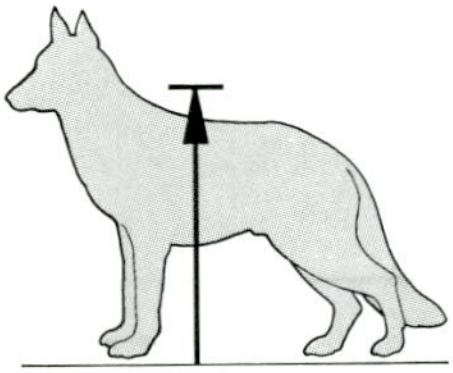

Obwohl der Barsoi als jüngste Windhundrasse gilt, handelt es sich hier um eine alte russische Rasse, die im damaligen Rußland vom Adel gefördert wurde. Zur Zeit der Leibeigenschaft gab es kaum ein Herrenhaus, in dem nicht Barsois zur Jagd gehalten wurden. Zuchtziel war ein großer, kräftiger, scharfer, sehr schneller und kampffreudiger Hund, der nicht nur für die Jagd auf Hase und Fuchs dienen sollte, sondern mit dem man auch dem Wolf nachstellen konnte. 1724 wurden in Moskau erstmalig Barsois ausgestellt. Zum Aufbau der Zucht in Deutschland nahm man einen Barsoi, den Prinz Friedrich Karl von Preußen vom Zaren geschenkt bekommen hatte. Man importierte dann noch weitere Tiere aus Rußland und züchtete sehr sorgfältig. Die ersten zuchtbuchmäßigen Eintragungen datieren von 1890. Schon bald gehörte der Barsoi zu den beliebtesten Hunderassen. Da man ihm heute keine Jagdgelegenheit mehr bieten kann, sind Rennen für diesen Hund die einzige Möglichkeit, seinem großen Laufbedürfnis einigermaßen Rechnung zu tragen. Allerdings sind solche Rennen für den Hund nur ein bescheidener Ersatz. Anders verhält es sich mit dem Coursing, dem Hetzen nach Objekt auf freier Wildbahn, querfeldein, denn das kommt dem Hetzverhalten des Barsoi besser entgegen.

Größe: Schulterhöhe durchschnittlich 75 cm. **Kopf:** Lang, schmal, trocken. Fang schmal und kräftig, etwas länger als der übrige Schädel, vor dem Nasenspiegel leicht gebogen. Nasenspiegel muß schwarz sein und ist relativ groß. Rosenohren, Auge möglichst dunkel, mandelförmig. **Körper:** Hals mittellang ohne Wamme; sehr tiefe aber schmale Brust. Rücken kurz, bogenförmig. Kruppe breit und lang, starke Muskeln, hochgezogener Bauch. Tief angesetzte, säbel- oder sichelförmige Rute, sehr gut behaart und lang. **Haar:** Lang, seidig, gewellt oder gelockt (aber keine kleinen Locken), kurz am Kopf, Ohr und Vorderseite der Läufe. **Farbe:** Besonders erwünschte Farben sind einfarbig weiß, weiß mit gelb, orange, rot, gestromt und grau gefleckt oder einfarbig in diesen Farben ohne Weiß.

Galgo Español

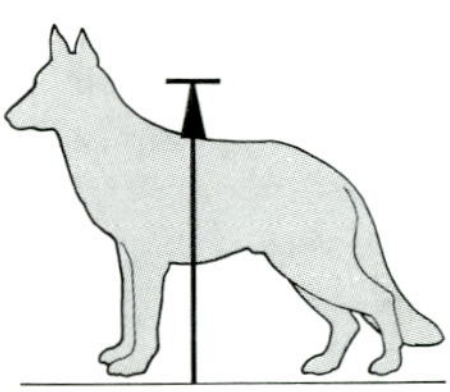

Der Galgo Español – spanischer Windhund – soll vom Pharaonenhund abstammen. Er hat Ähnlichkeit mit dem Greyhound und dem Sloughi. Ein Windhund, der für die Jagd zu Pferde sehr brauchbar ist.

Größe: Schulterhöhe 70–80 cm. **Kopf:** Schädel lang und schmal, etwas breiter zwischen den Augen. Fang lang und spitz zulaufend, wobei der Nasenspiegel den Unterkiefer überragt. Nasenrücken leicht gewölbt. Hochangesetzte, kleine Ohren, dunkles Auge. **Körper:** Brust tief und geräumig, gut gewölbte Rippen, Bauch hochgezogen. Rücken stark, Kruppe tief und abfallend. Rute sehr lang und etwas hochgebogen, sich zum Ende verjüngend. **Haar:** Kurz und dicht. **Farbe:** Rötlich, schwarz, weiß und Kombinationen in diesen drei Farben.

Whippet

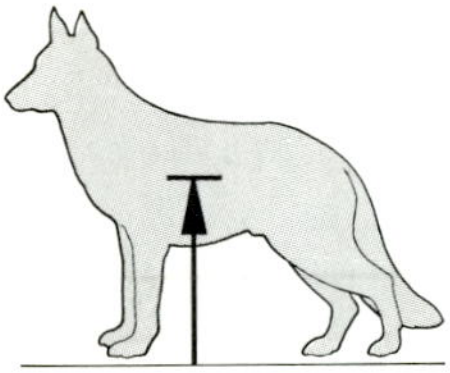

Die Abstammung des Whippet läßt sich wohl nicht mit absoluter Sicherheit klären. Die einen sind der Ansicht, daß der Ahnherr – wie auch beim Galgo Español – der Pharaonenhund sei, während andere wieder behaupten, daß es sich beim Whippet um eine Kreuzung zwischen Greyhound und Terrier handele. Malerei und Literatur beweisen, daß es den Whippet schon im 15.Jahrhundert gegeben haben muß. Die Engländer nannten diesen kleinen Windhund auch »Snapdog«. Ein sehr schneller Hund, der viel robuster und widerstandsfähiger ist, als man dies seinem äußeren Eindruck nach vermuten würde. Wegen seiner Schnelligkeit wußten auch Wilddiebe ihn zu schätzen. Der Whippet braucht unbedingt viel Auslauf in freiem Gelände und wird deshalb auch bei Rennen eingesetzt.
Größe: Schulterhöhe 51 cm. **Kopf:** Schädel lang, flach und ziemlich breit zwischen den Augen. Langer Fang mit kräftigem Kiefer. Feine Rosenohren, verhältnismäßig helles Auge. **Körper:** Langer, muskulöser Hals. Brust sehr tief und angemessen breit, gute Rippenwölbung. Breiter, ziemlich langer Rücken, Lenden leicht gebogen, Bauch hochgezogen. Lange Rute, die sich zum Ende hin verjüngt und nicht über dem Rücken getragen werden darf. Wenn der Hund ruhig steht, befindet sich seine Rute zwischen den Hinterläufen. **Haar:** Kurz, fein und möglichst dicht. **Farbe:** Alle Farben und Farbkombinationen sind zulässig.

Italienisches Windspiel

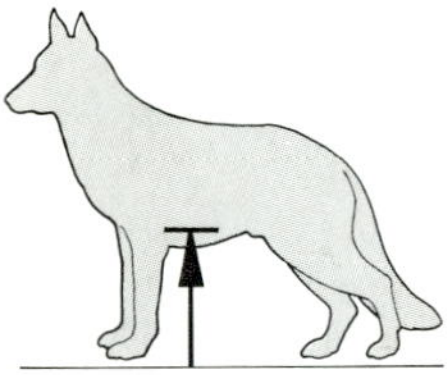

Das Italienische Windspiel – auch Kleiner Italienischer Windhund genannt – erfreute sich im 17. und 18.Jahrhundert besonders großer Beliebtheit. Auch Friedrich der Große war ein begeisterter Freund und Anhänger der so anmutigen, vornehm wirkenden Rasse und ließ sich gern auf seinen Spazierwegen von mehreren dieser Hunde begleiten. Man nimmt an, daß diese Rasse bereits im Altertum in Ägypten und Griechenland anzutreffen war und Italien gar nicht als Ursprungsland angesehen werden kann. In Ägypten fand man in einem Grab der 1.Dynastie das Skelett eines solchen Windspiels, was bedeutet, daß es diese Rasse schon vor rund 5000 Jahren gegeben haben muß.
Größe: Schulterhöhe 32–38 cm. **Kopf:** Langer, flacher Schädel; Fang lang und spitz, wobei Schädel und Fang von gleicher Länge sein sollen; geringer Stop. Rosenohren; großes, dunkles Auge. **Körper:** Hals von gleicher Länge wie der Kopf, trocken, ohne Wamme. Tiefe Brust, kurzer Rücken, Rücken-Lendenpartie gewölbt. Hochaufgezogener Bauch, stark abfallende Kruppe. Tiefangesetzte, lange Rute. **Haar:** Kurz, fein und glänzend. **Farbe:** Einfarbig schwarz, schiefergrau und isabellfarben in allen Schattierungen. Weiß an Brust und Pfoten zulässig.

Register

Hunde richtig halten und erziehen

Bruce Fogle
Hunde kennen und verstehen
Hunde verstehen wie nie zuvor: liebenswerter und informativer Bildband, der faszinierende Einblicke in Leben, Verhalten, »Sprache« und Rituale der Hunde bietet.

Bruce Fogle
Hunde richtig erziehen
Für den verständnisvollen Umgang mit dem Hund: sanfte Erziehungsmaßnahmen und Korrektur schlechter Angewohnheiten – mit über 450 aussagekräftigen Farbfotos Schritt für Schritt leicht nachzuvollziehen.

Manfred und Maria Baatz
Der richtige Umgang mit dem Hund
Ernährung, Pflege und Erziehung des Hundes; Ausbildung in Gehorsam; didaktisches Trainingsprogramm – auch für die Dressur-Abschlußprüfung.

Manfred und Maria Baatz
Hundeausbildung für die Jagd
Praktischer Ratgeber für die erfolgreiche Ausbildung aller Jagdhunderassen in allen jadlichen Fächern: Hasenspur, Quersuche mit Vorstehen, Stöbern, Bauarbeit, Apportieren von Wild und vieles mehr.

Angela Wegmann
Hunde richtig halten
Anschaffung, Pflege, Erziehung
Entscheidungshilfen für den Kauf der geeigneten Rasse und wichtiges Basiswissen für den artgerechten Umgang mit dem Hund.

Ludwig Wolf Friedl
Was fehlt denn meinem Hund?
Praxisbuch, um medizinische Daten nachschlagen zu können, Erste Hilfe zu leisten und geeignete Heilmittel selbst einsetzen zu können.

George Macleod
Homöopathischer Ratgeber Hunde
Umfassendes Grundlagenwissen zu homöopathischen Behandlungsmethoden für Hunde, gegliedert nach Krankheitserscheinungen.

Im BLV Verlag finden Sie Bücher zu folgenden Themen: Garten und Zimmerpflanzen • Natur • Heimtiere • Jagd • Angeln • Pferde und Reiten • Sport und Fitneß • Tauchen • Reise • Wandern, Bergsteigen, Alpinismus • Essen und Trinken • Gesundheit, Wohlbefinden, Medizin

BLV

Wenn Sie ausführliche Informationen wünschen, schreiben Sie bitte an:
BLV Verlagsgesellschaft mbH • Postfach 400320 • 80703 München
Telefon 089/12705-0 • Telefax 089/12705-543